PASATIEMPOS
DE DIBUJO
ISOMÉTRICO

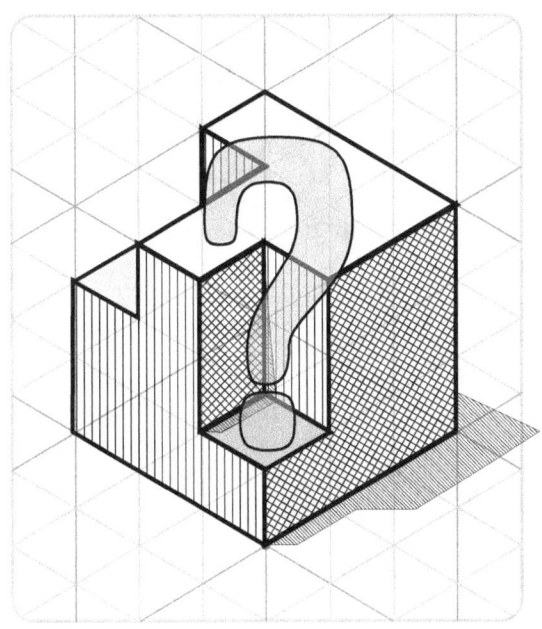

para potenciar tu
VISIÓN ESPACIAL

tomono ta

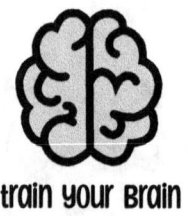

train your Brain

tomono ta

Pasatiempos de dibujo isometrico

índice

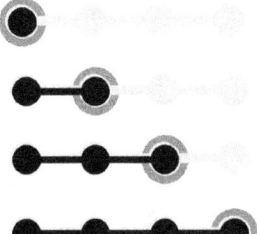

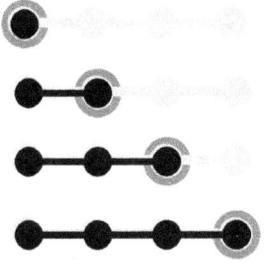

Principiante

intermedio

Avanzado

Experto

01. VISIÓN GENERAL

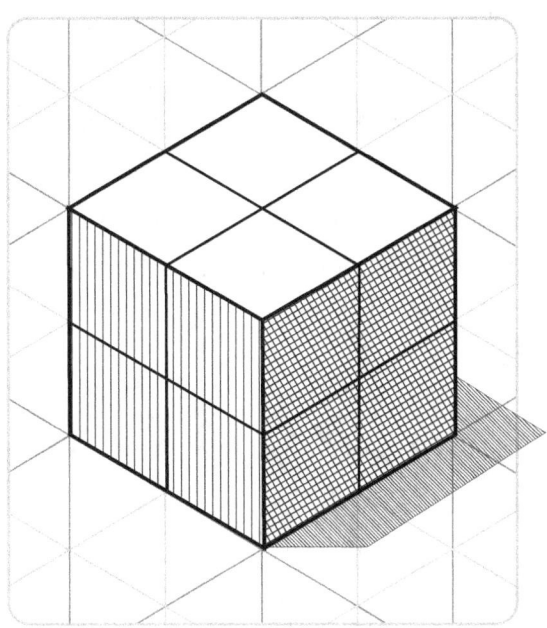

Perspectiva Isométrica

La perspectiva isométrica es una técnica de dibujo que te prmite representar objetos 3d en una superficie 2d de una forma única y fascinante.

La práctica del dibujo en perspectiva isométrica aporta numerosos beneficios, entre los que destacan:

- **Mejora de la visión espacial**: la perspectiva isométrica requiere que visualices y representes en objetos de 3 dimensiones en planos de 2 dimensiones.
- Mejora de la habilidades de dibujo: la práctica regular del dibujo en perspectiva isométrica te ayuda a mejorar el dibujo a mano alzada. Practicarás el dibujo a líneay las formas con precisión, asimilando la estructura tridimensional de los objetos, y su representación realista en dos dimensiones.
- **Impulso de la creatividad**: la perspectiva isométrica te permite crear objetos tridimensionales de forma única y supercreativa.
- **Progresión gradual:** los ejercicios comienzan desde un nivel básico y gradualmente avanzan hacia pruebas más desafiantes.
- **Fun and relaxation**: el dibujo en perspectiva isométrica es una actividad divertida y relajante.

En suma, la práctica del dibujo en perspectiva isométrica puede mejorar la visión espacial, las habilidades de dibujo y la creatividad, mientras te proporciona disfrute y relajación. ¡Es una excitante y gratificante manera de explorar el mundo de la representación tridimensional en el arte!

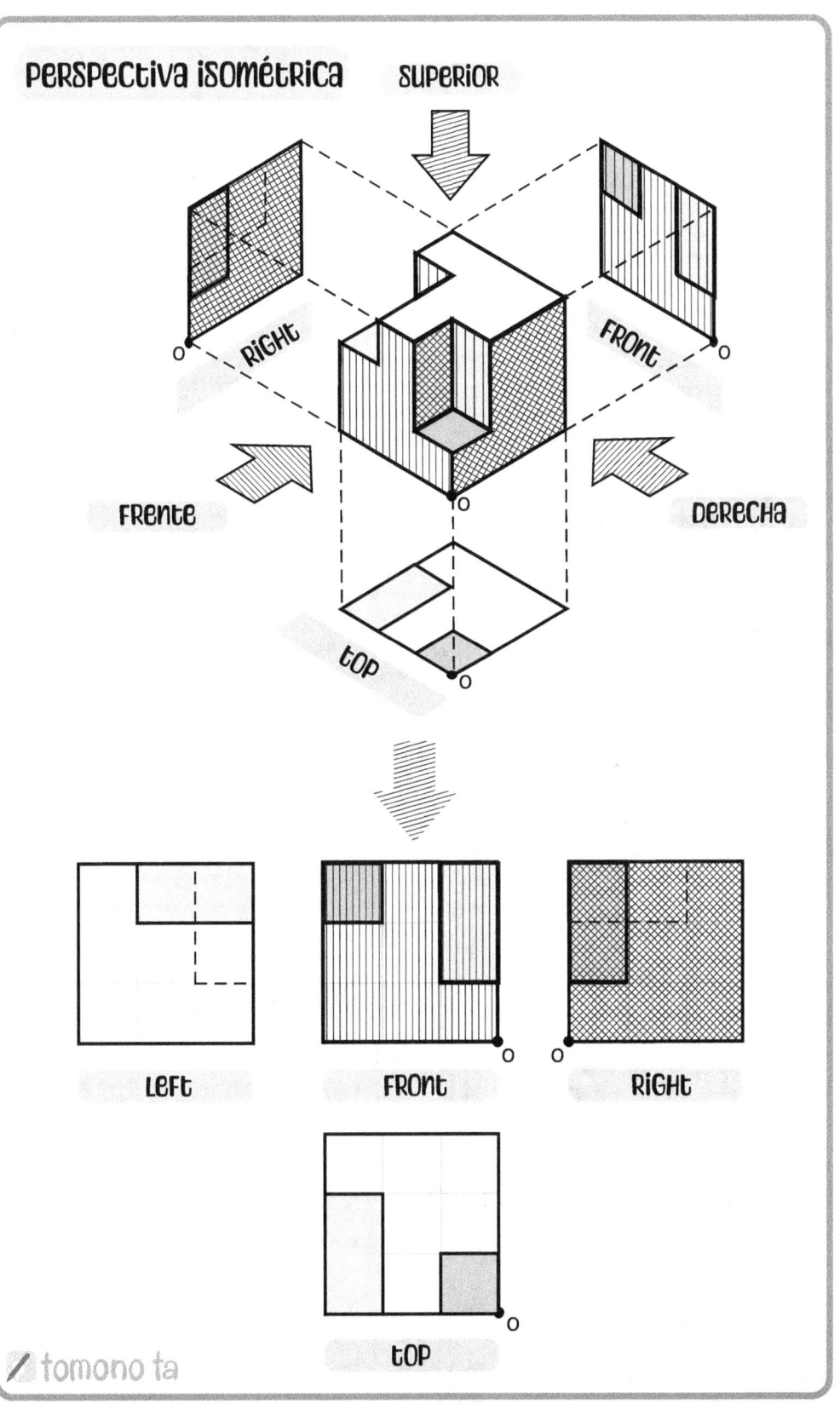

PERSPECTIVA ISOMÉTRICA

SUPERIOR

RIGHT

FRONT

FRENTE

DERECHA

top

LEFT

FRONT

RiGHt

top

tomono ta

ejemplo

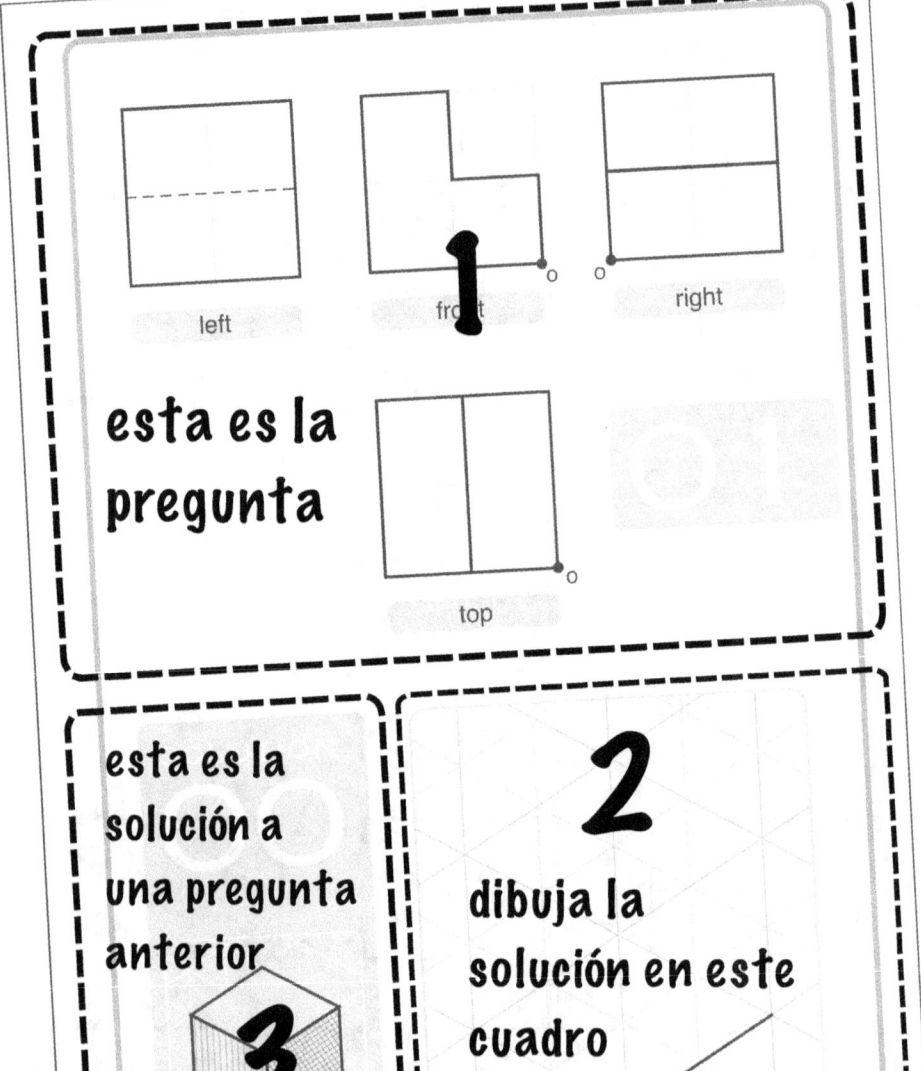

left   front   right

esta es la pregunta

top

esta es la solución a una pregunta anterior

2

dibuja la solución en este cuadro

isometric

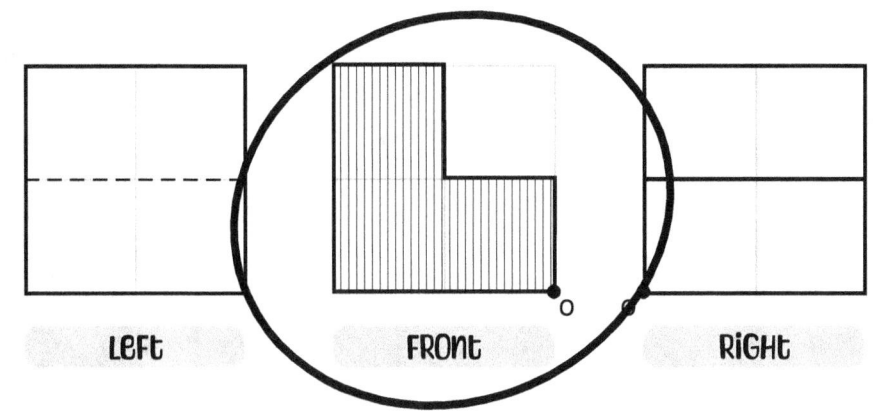

LEFT　　　　　FRONT　　　　　RiGHt

ejEMPLO

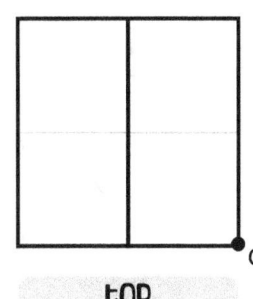

tOP

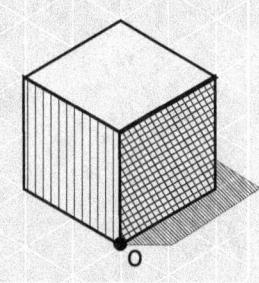

dibuja primero la vista de frente (Front)

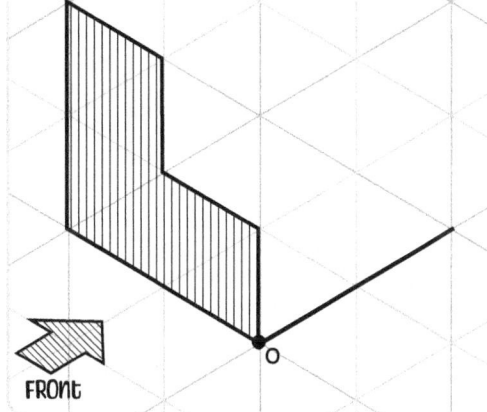

FRONt

o

iSOMétRiCO

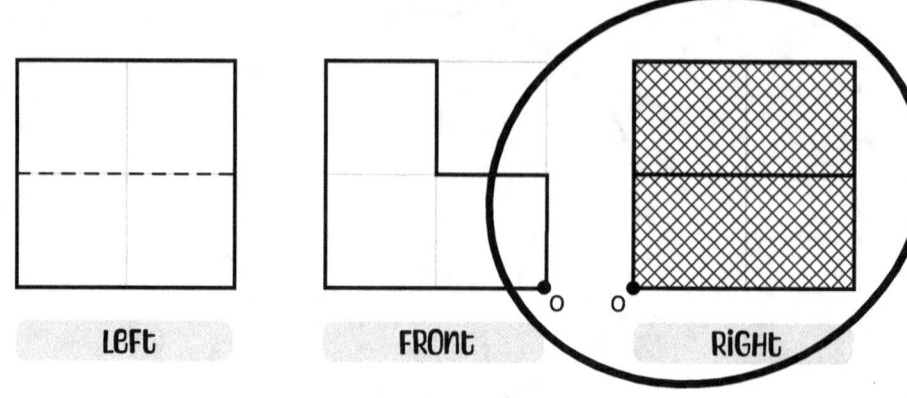

LEFT

FRONT

RIGHT

ejemplo

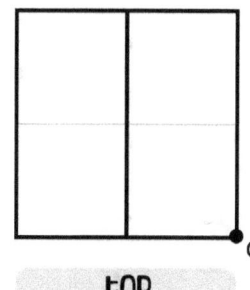

tOP

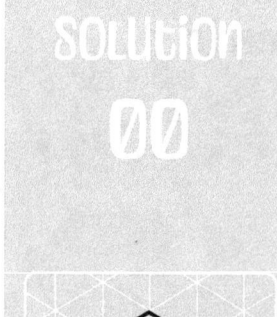

dibuja ahora la vista derecha (right)

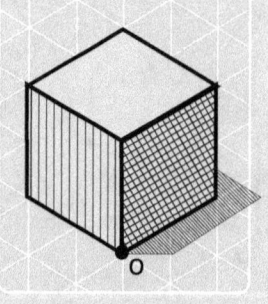

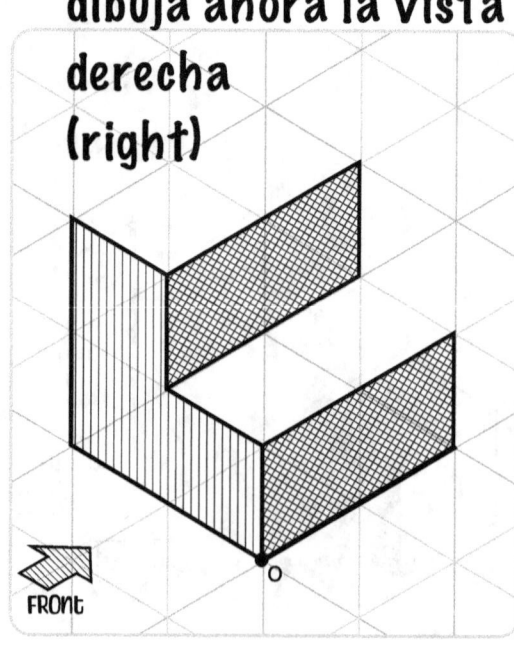

FRONT

O

ISOMÉTRICO

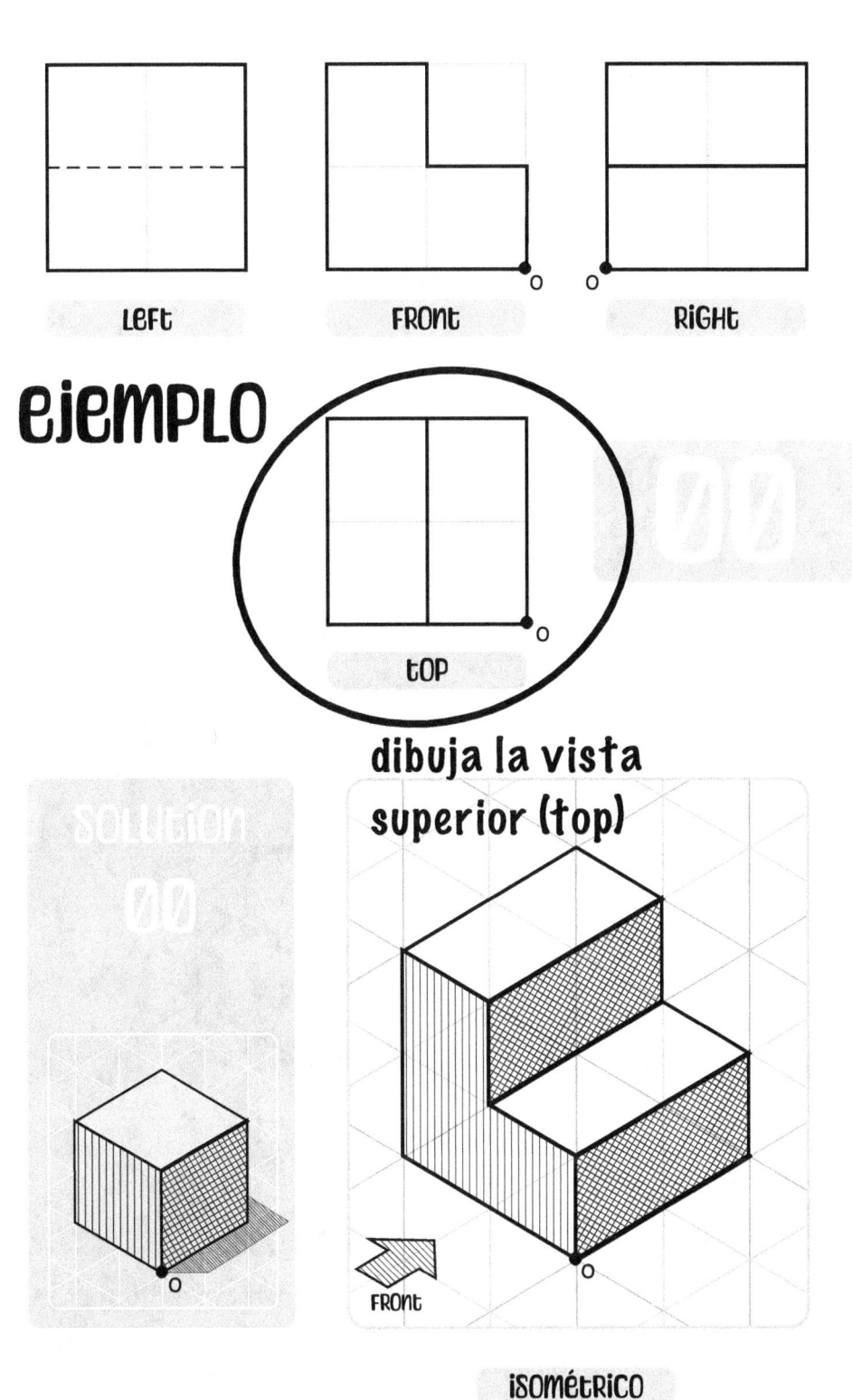

LEFT

FRONT
o

o
RIGHT

ejemplo

top
o

dibuja la vista
superior (top)

SOLUTION
00

o

FRONT

o

isométrico

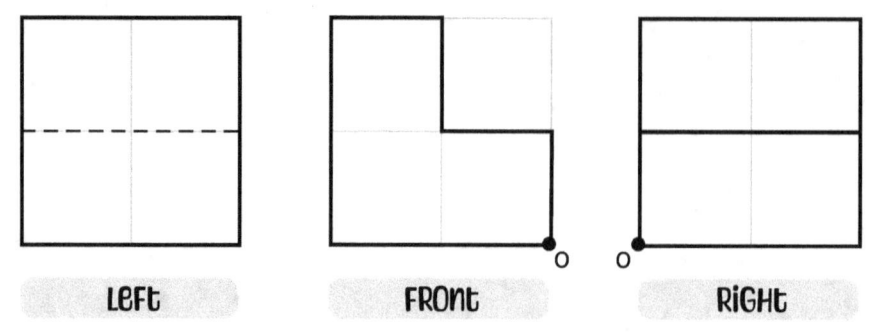

LEFT   FRONT   RIGHT

ejemplo

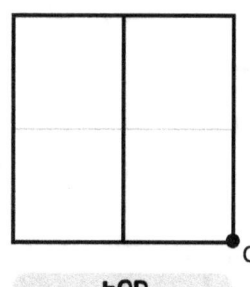

top

00

SOLUCIÓN

SOLUtiON
00

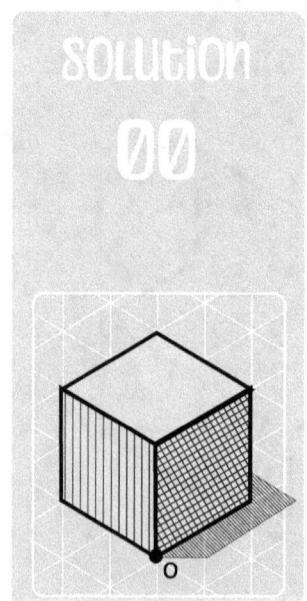

o

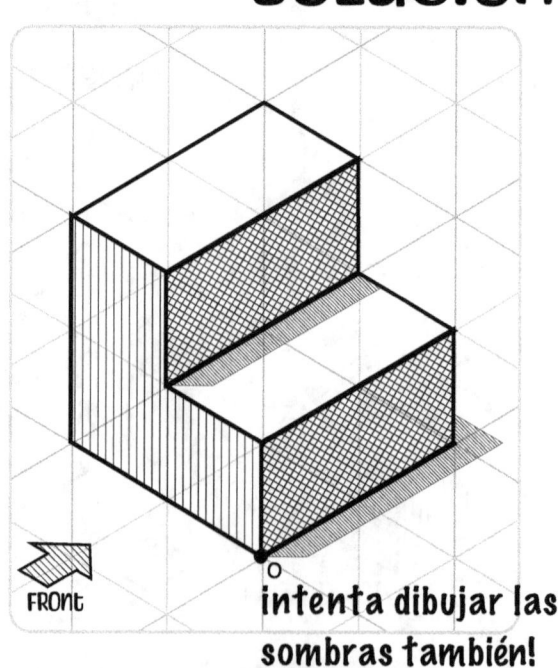

FRONT

o

intenta dibujar las
sombras también!

iSOMÉtRiCO

nivel 1
CUBO 2X2X2
PRINCIPIANTE

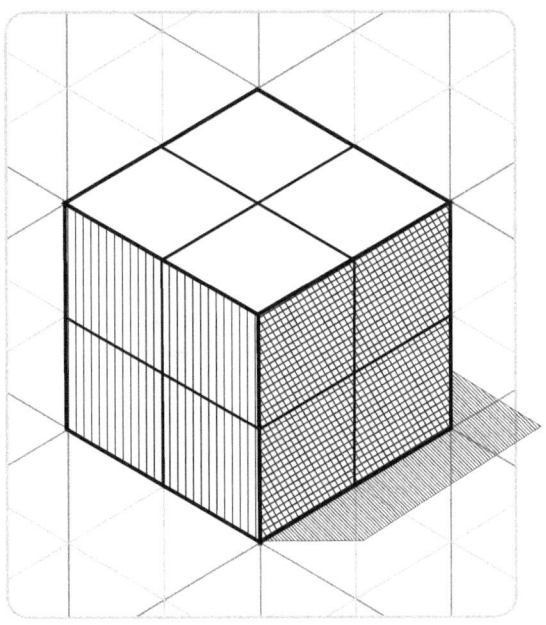

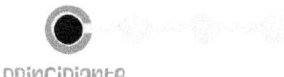

PRINCIPIANTE

así que ahora ...

START GAME
▶ 1 PLAYER

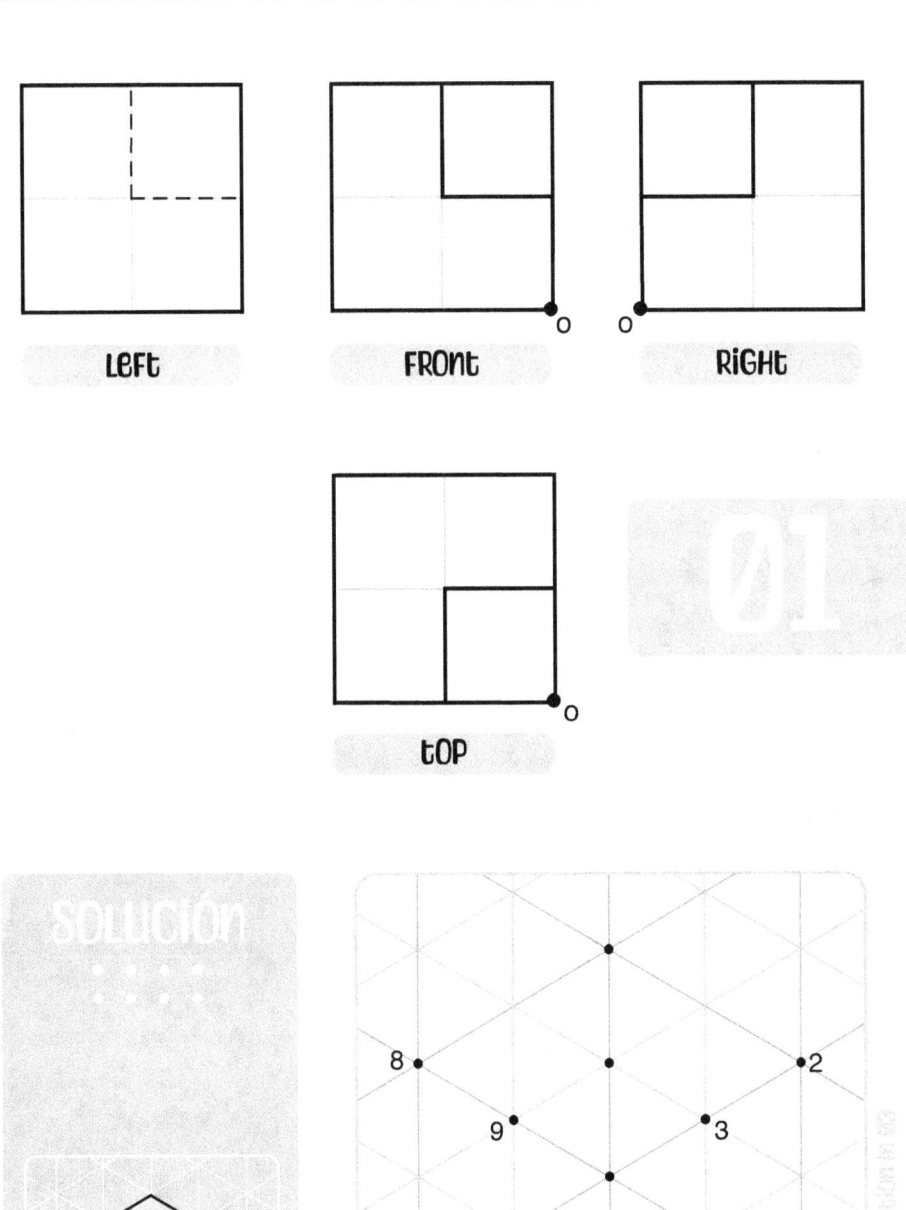

LEFT

FRONT

RIGHT

TOP

SOLUCIÓN

ISOMÉTRICO

FRONT

tomono ta

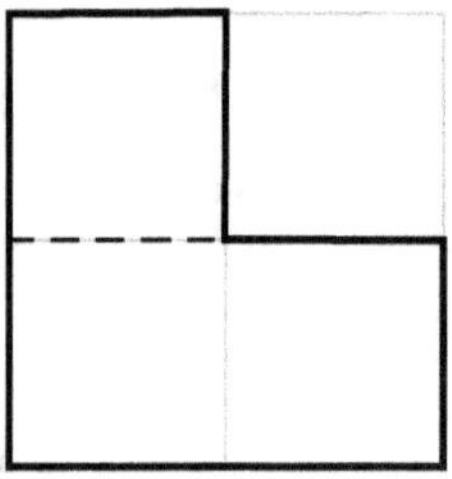

LEFT

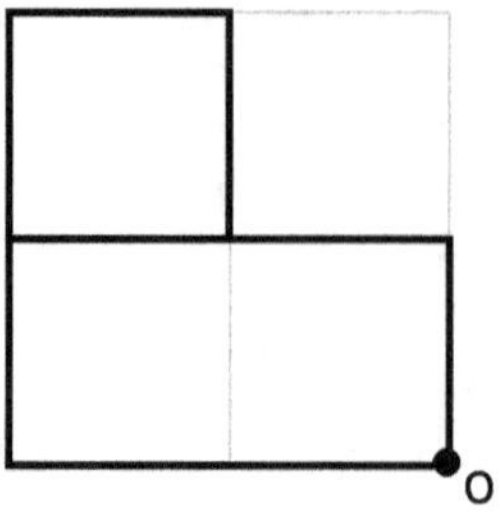

FRONT O

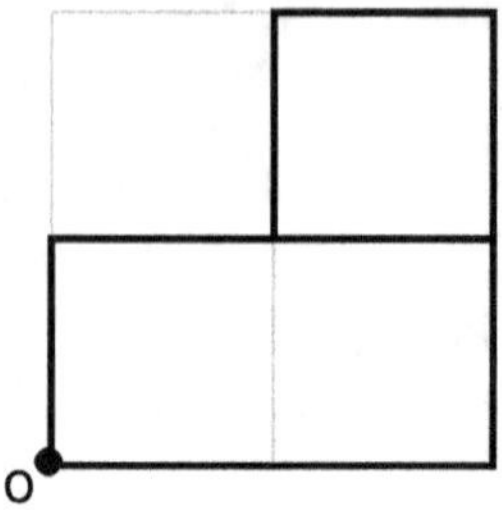

RIGHT O

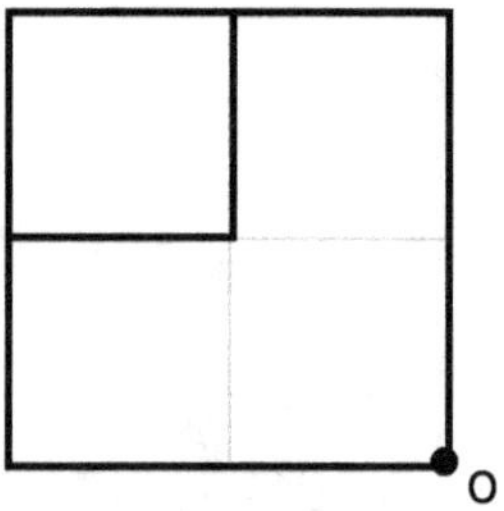

02

tOP O

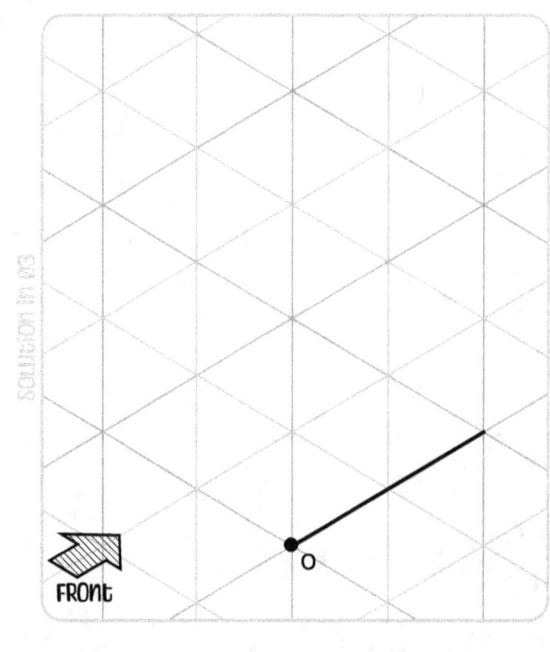

FRONT

iSOMétRiCO

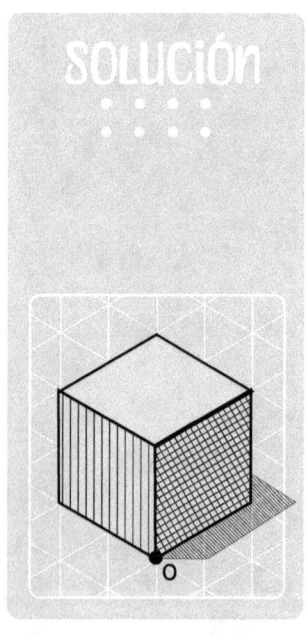

solución in p3

tomono ta

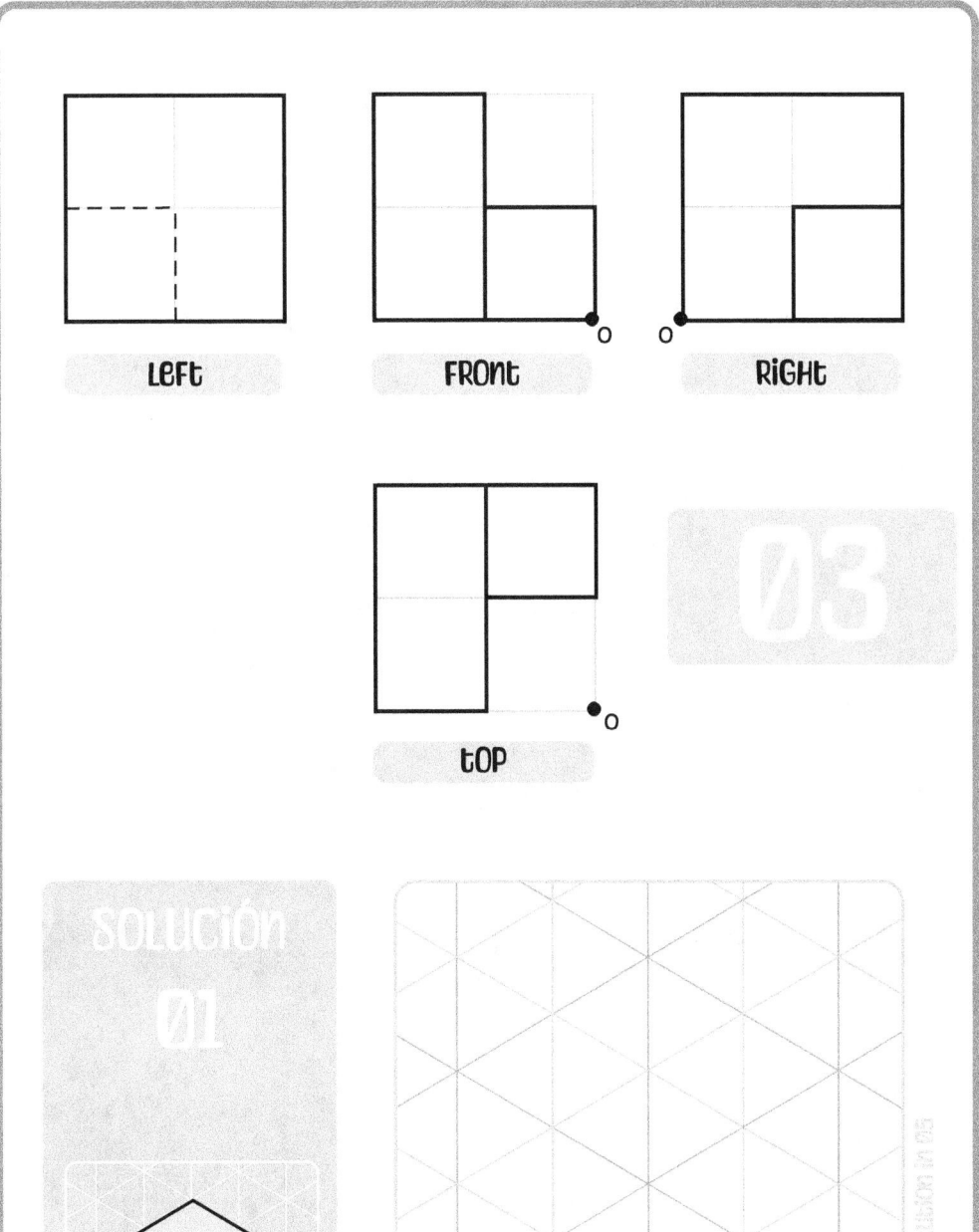

LEFT

FRONT

RIGHT

TOP

03

SOLUCIÓN 01

FRONT

ISOMÉTRICO

tomono ta

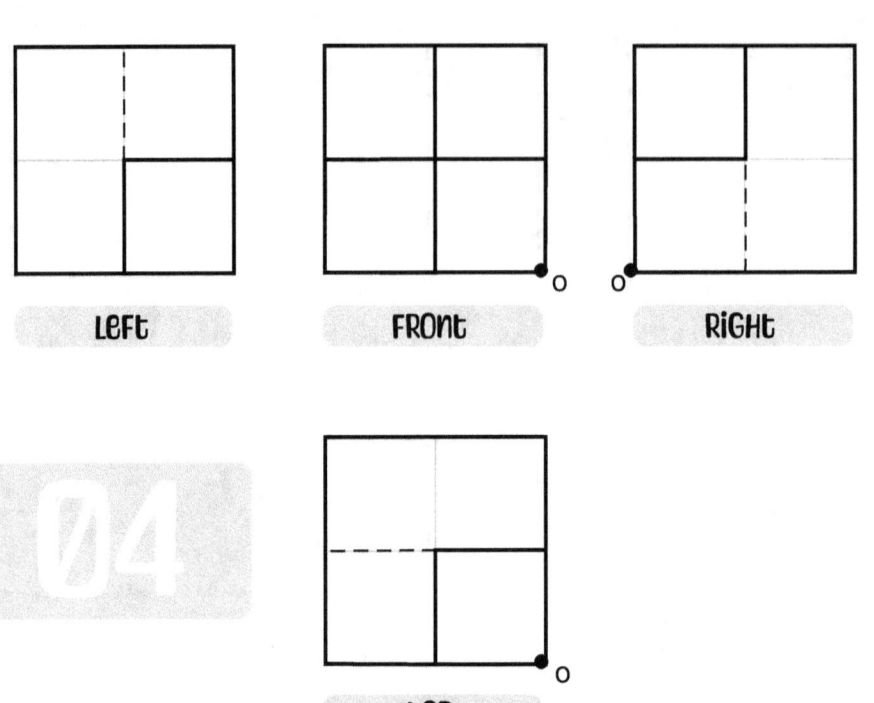

LEFT

FRONT
o

RIGHT
o

04

TOP
o

SOLUCIÓN
02

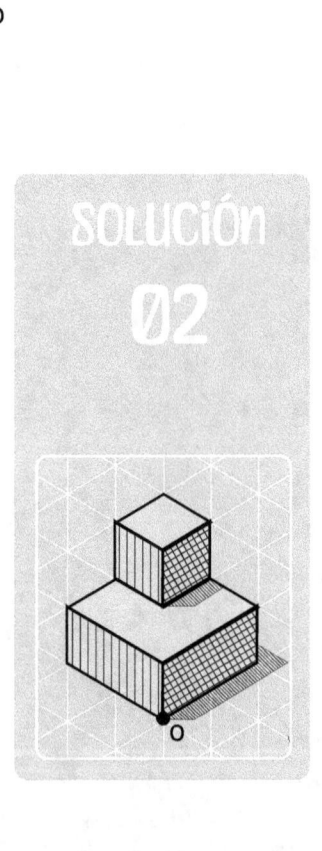
o

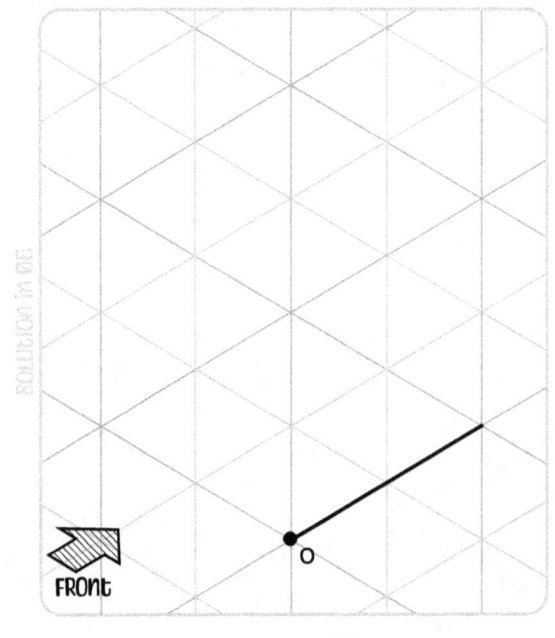

FRONT

o

ISOMÉTRICO

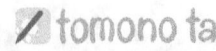

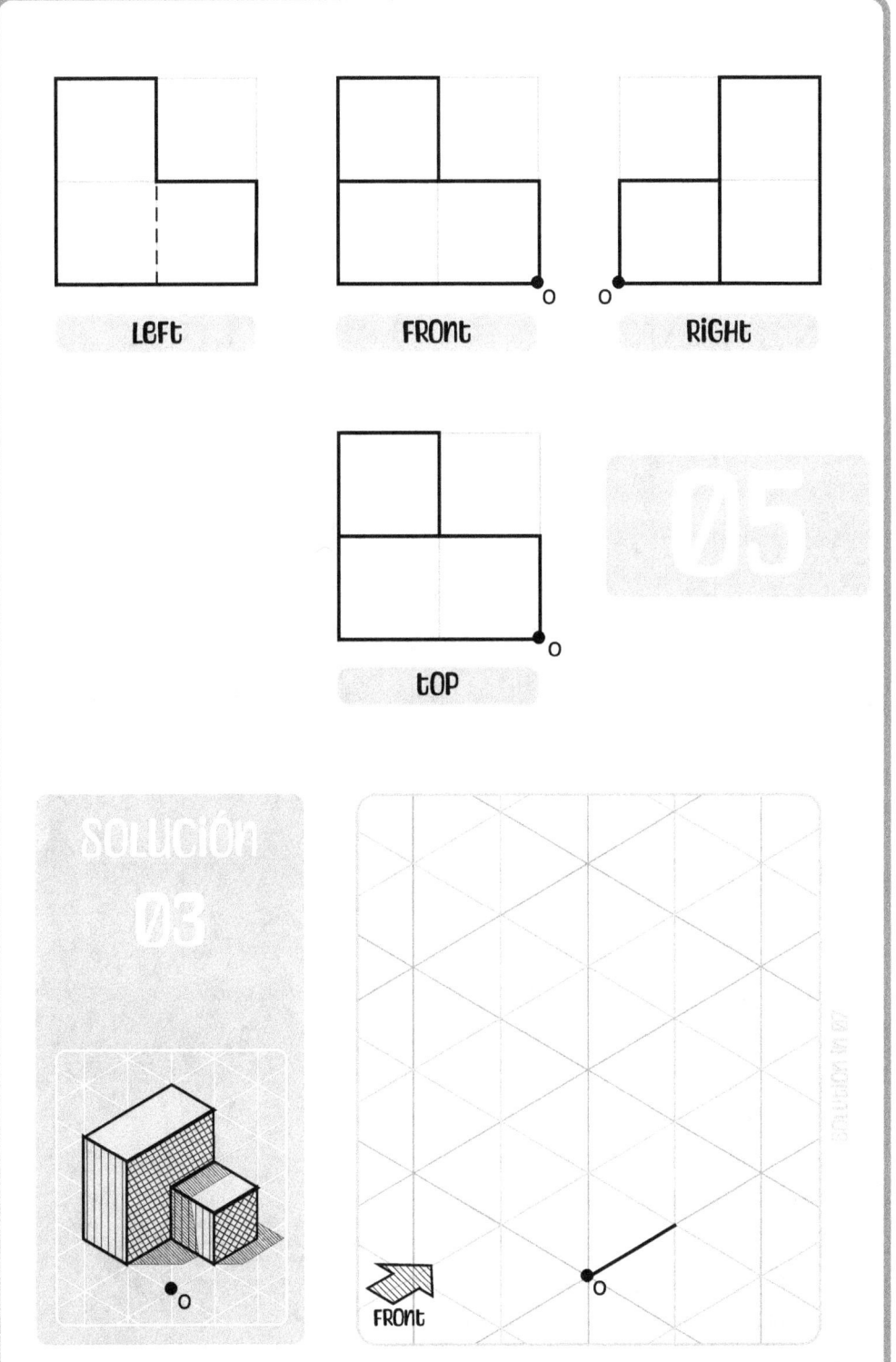

LEFT

FRONT

o

o

RIGHT

o

TOP

o

SOLUCIÓN
03

05

o

FRONT

o

ISOMÉTRICO

tomono ta

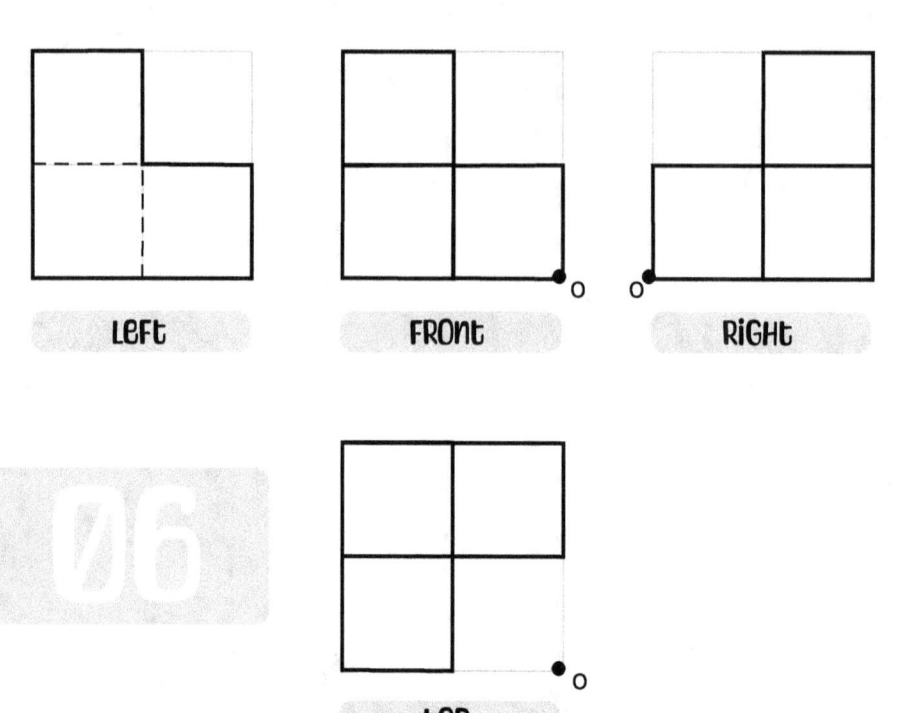

LEFT

FRONT

o

o

RiGHT

06

TOP

o

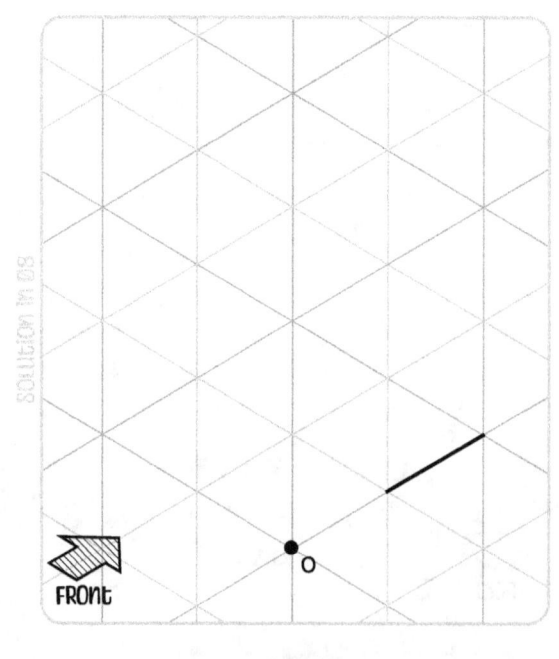

Solution in 05

FRONT

o

iSOMÉTRICO

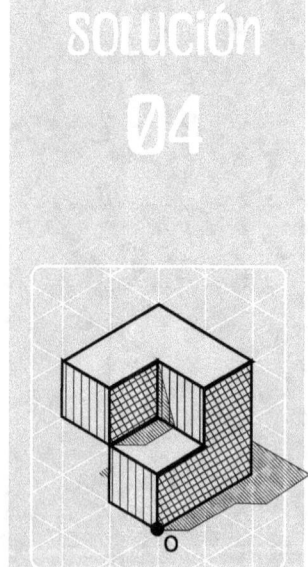

SOLUCIÓN

04

o

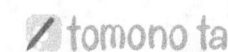
tomono ta

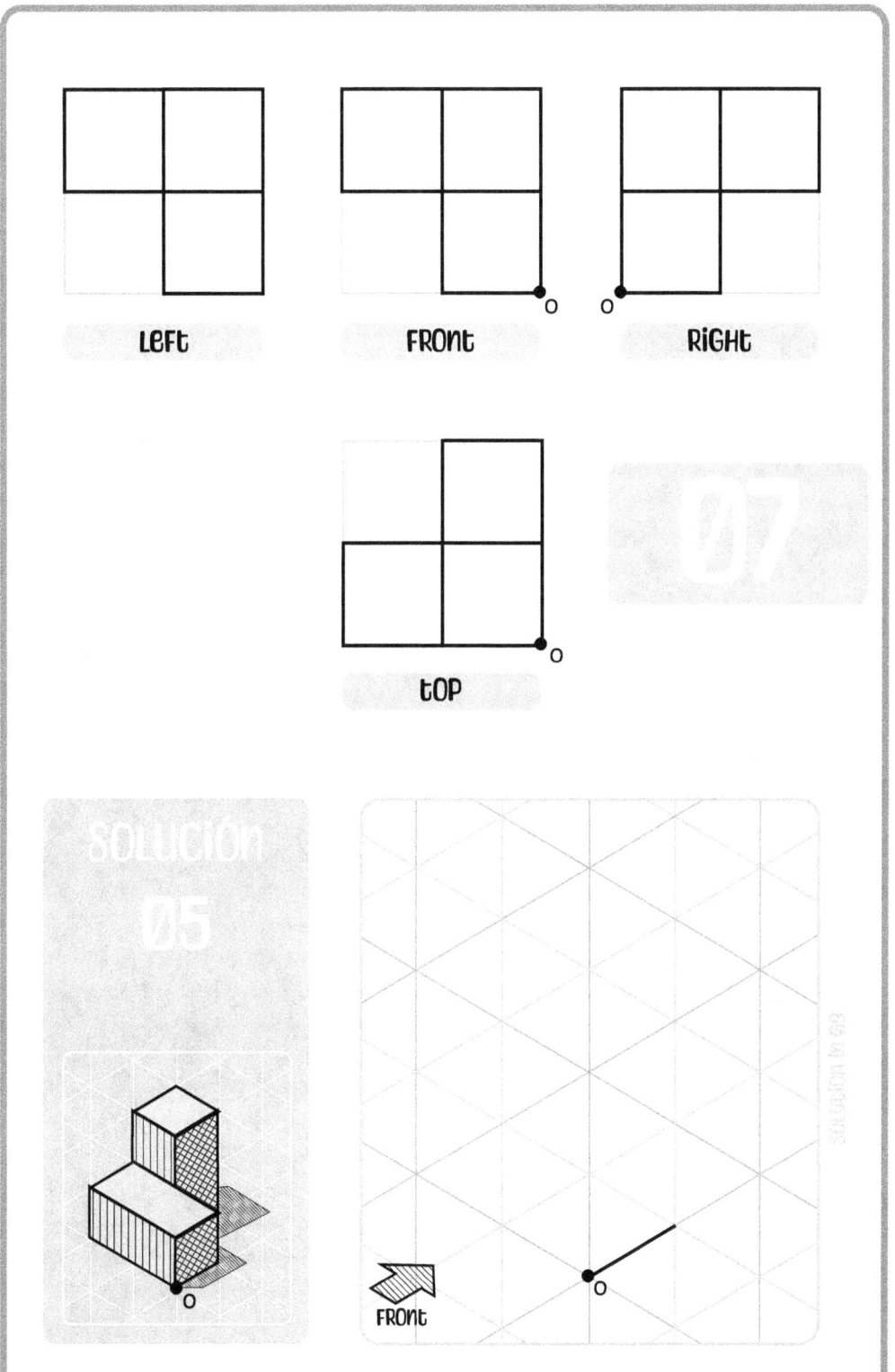

LEFT

FRONT

RIGHT

TOP

SOLUCION
05

07

FRONT

ISOMÉTRICO

tomono ta

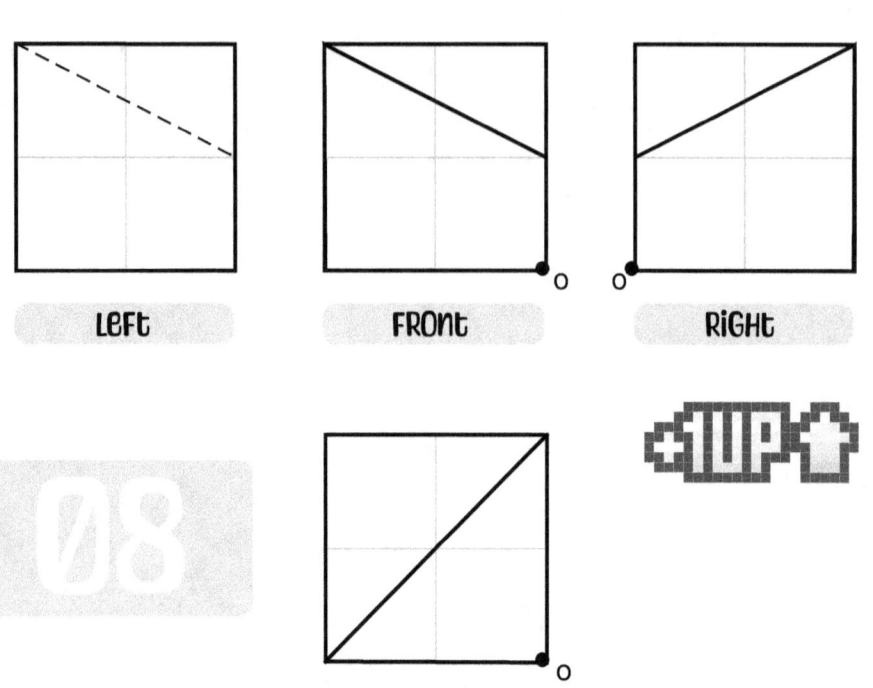

LEFT

FRONT
O

RIGHT
O

08

TOP
O

+1UP+

SOLUCIÓN
06

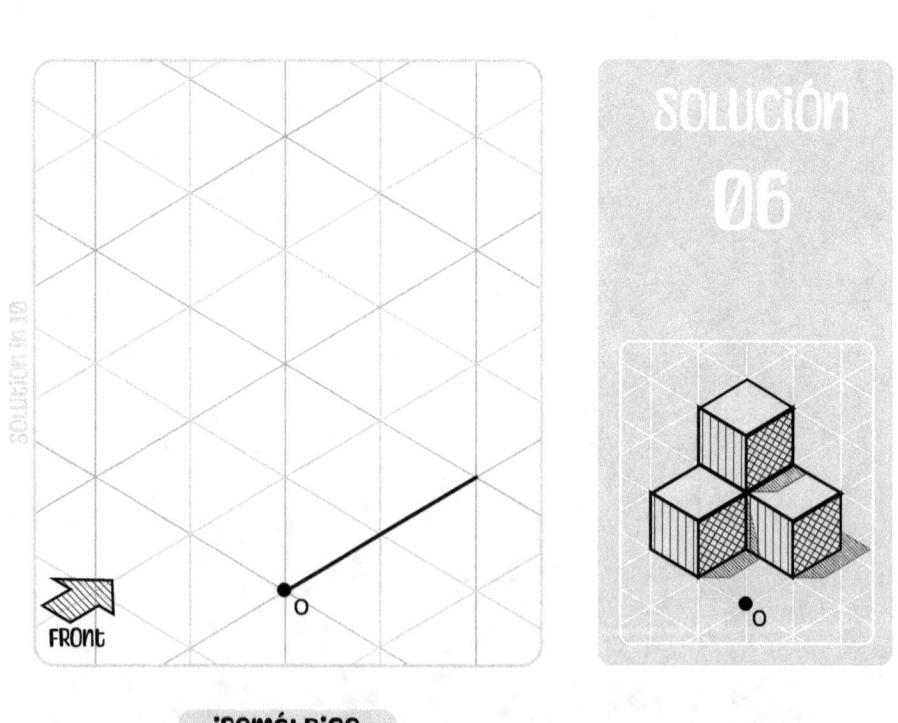

FRONT

ISOMÉTRICO

tomono ta

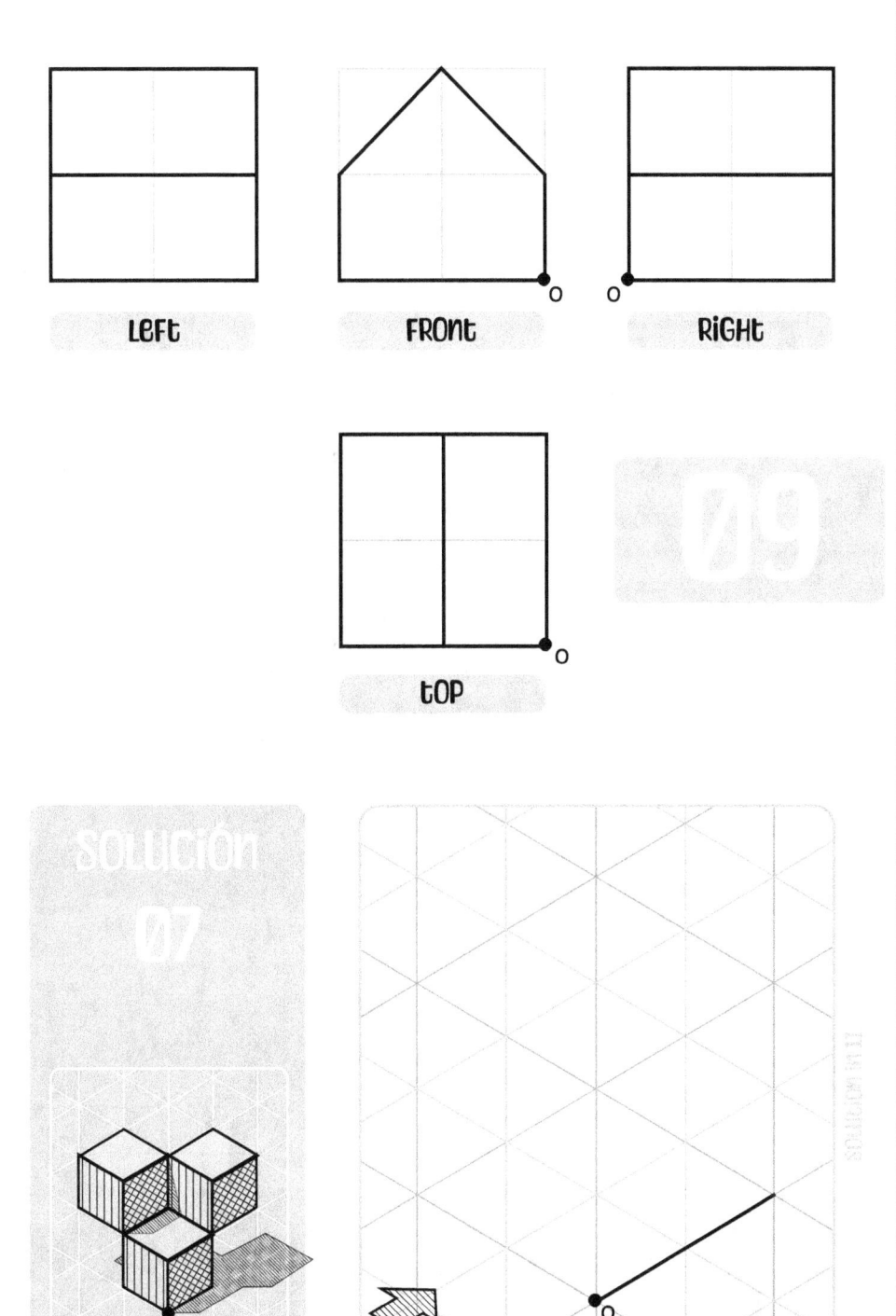

LEFT

FRONT

o

o

RIGHT

top

o

09

SOLUCIÓN

07

o

FRONT

o

ISOMÉTRICO

tomono ta

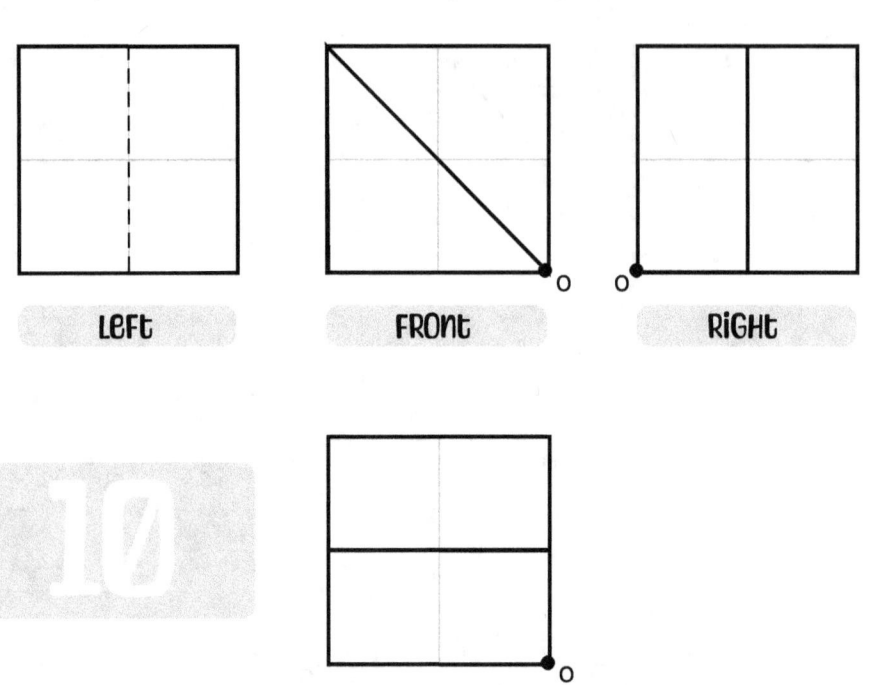

LEFT

FRONT
o

RIGHT
o

10

TOP
o

Solution in 12

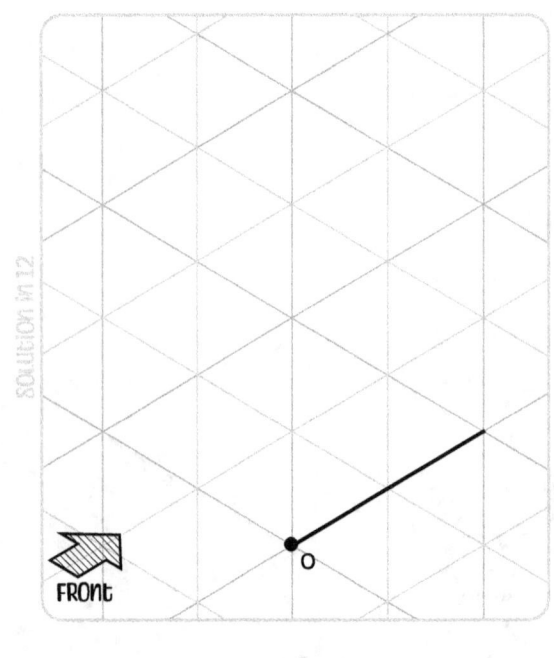

FRONT

o

ISOMÉTRICO

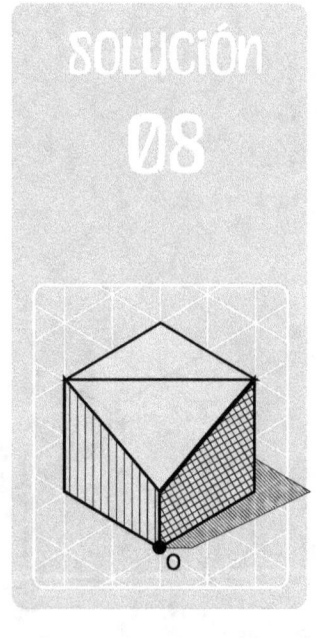

o

tomono ta

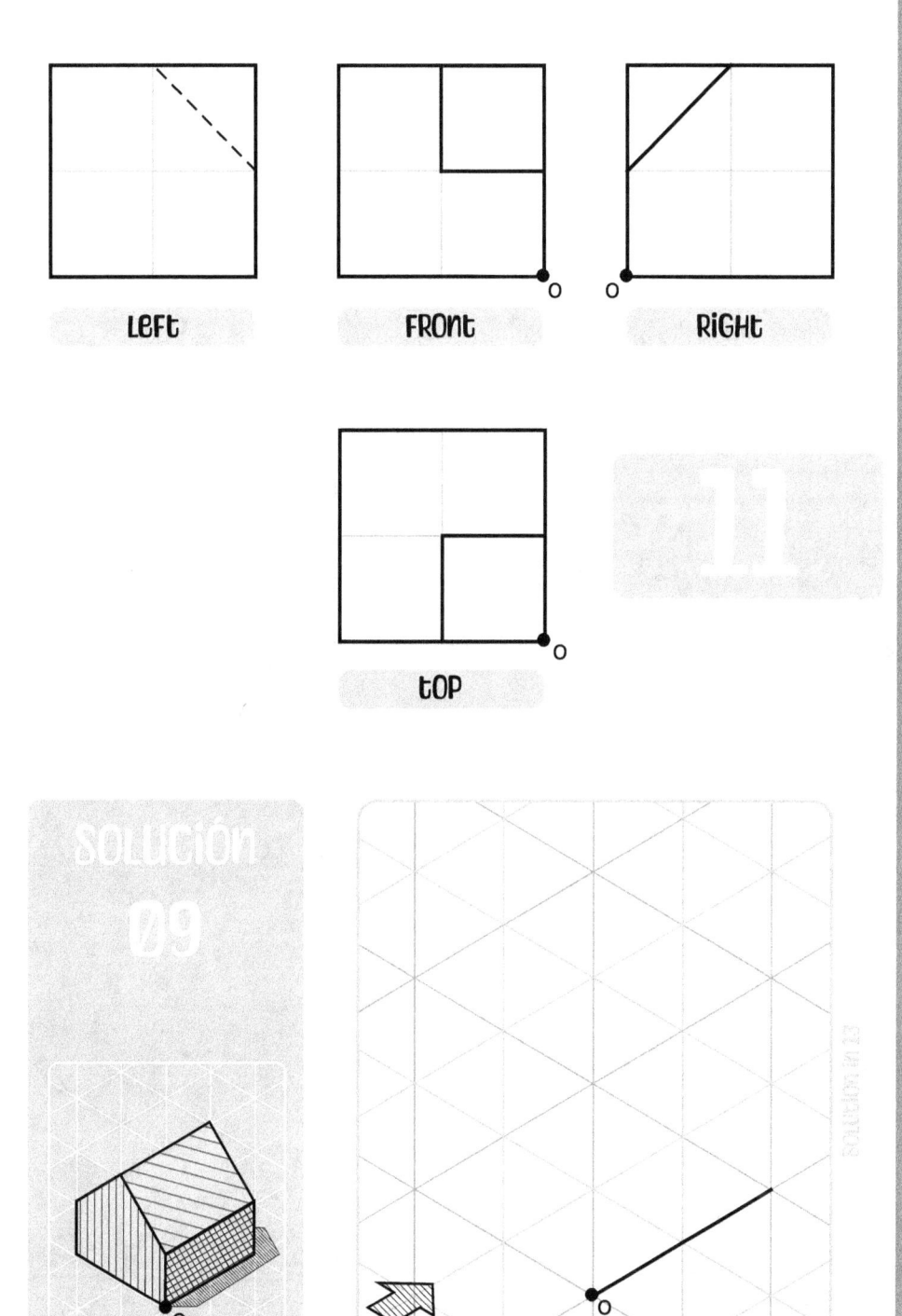

LEFT

FRONT

RIGHT

TOP

SOLUCIÓN
09

FRONT

ISOMÉTRICO

tomono ta

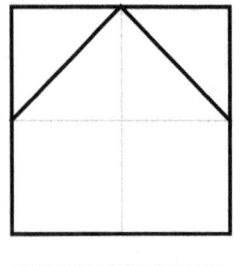

LEFT

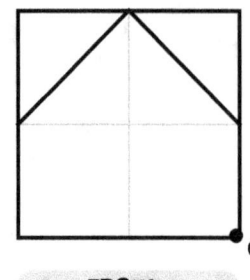

FRONT

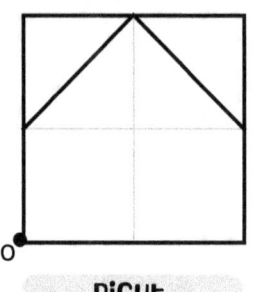

RIGHT

12

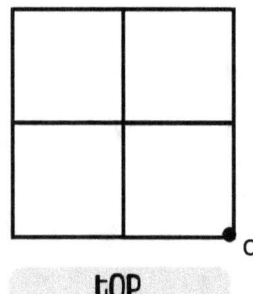

TOP

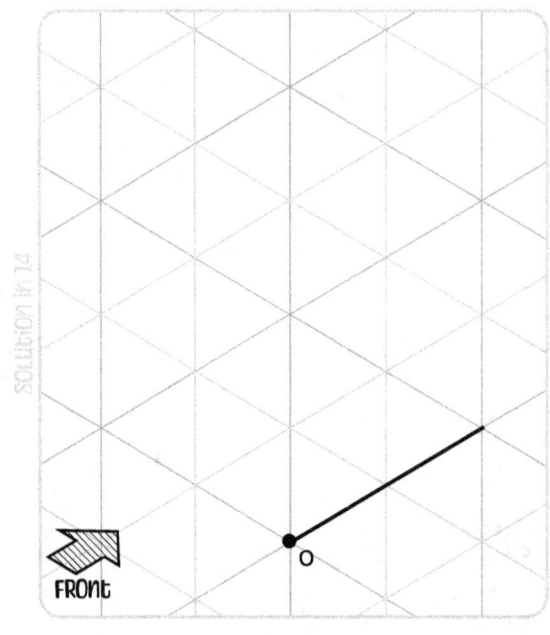

FRONT

ISOMÉTRICO

SOLUTION IN 14

SOLUCIÓN 10

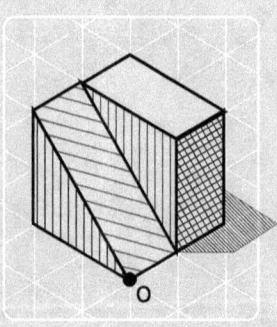

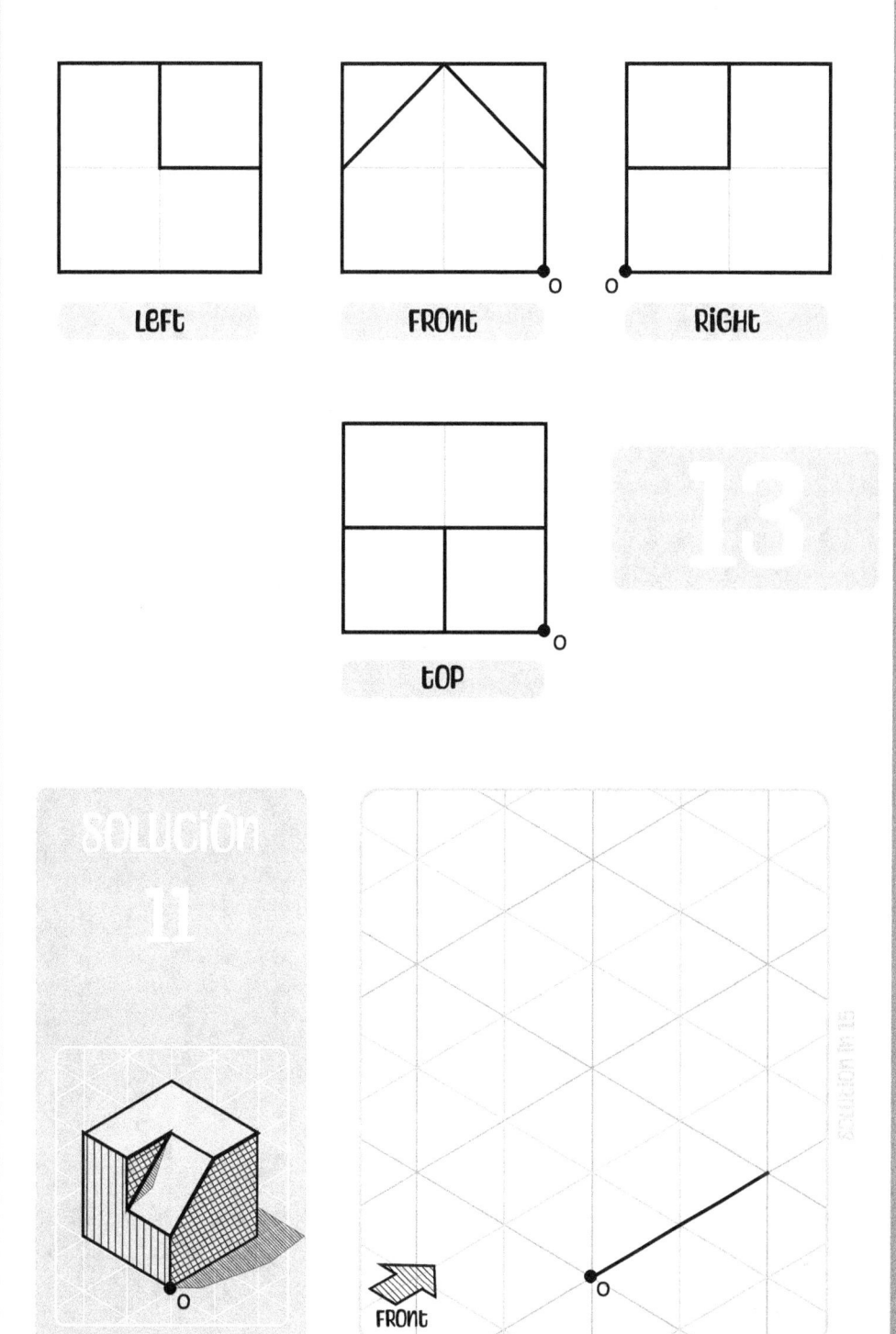

LEFT

FRONT
O

O
RiGHT

tOP
O

13

SOLUCiÓN
11
O

FRONT

O

iSOMÉTRiCO

tomono ta

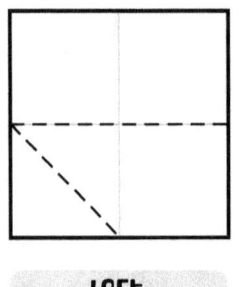

LEFT

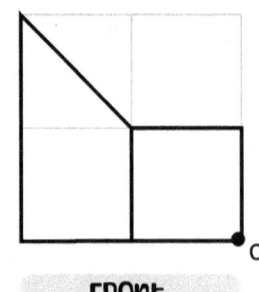

FRONT

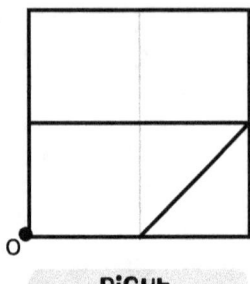

RIGHT

14

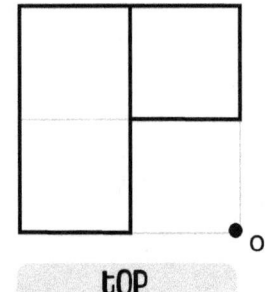

TOP

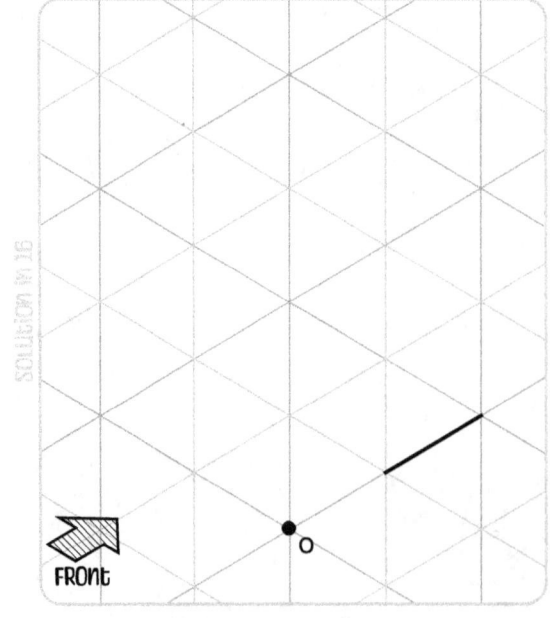

ISOMÉTRICO

SOLUTION N 16

SOLUCIÓN 12

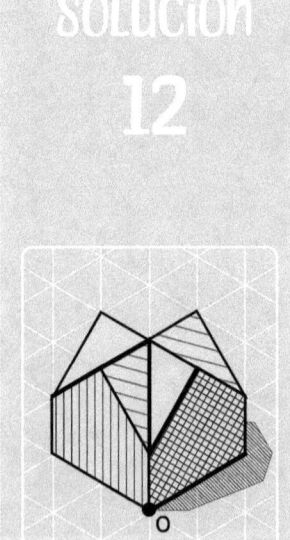

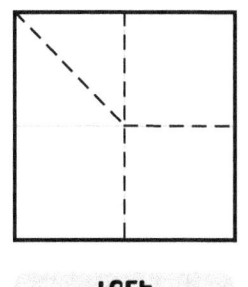

LEFT

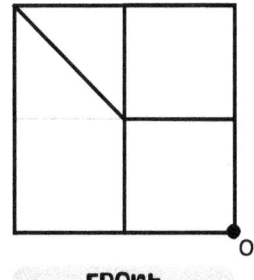

FRONT

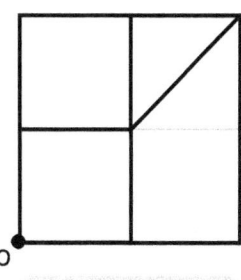

RIGHT

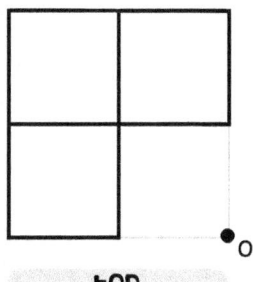

tOP

15

SOLUCIÓN

13

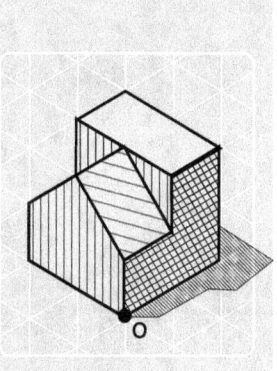

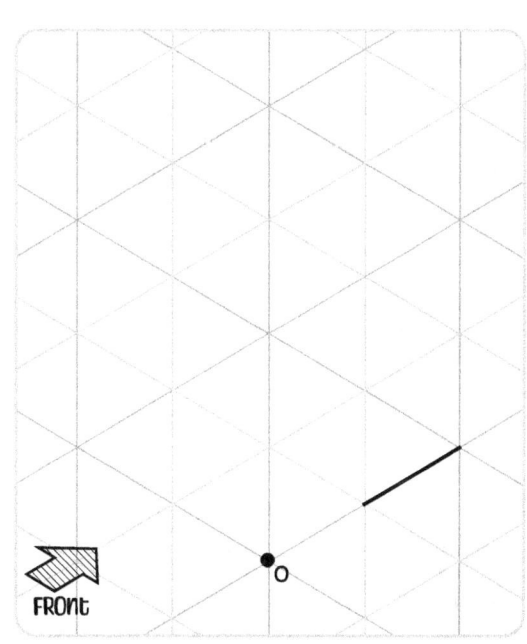

FRONT

iSOMÉTRICO

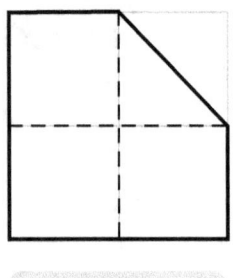

LEFT

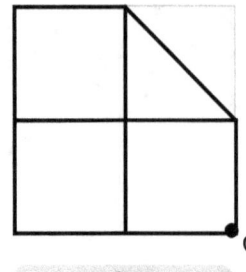

FRONT

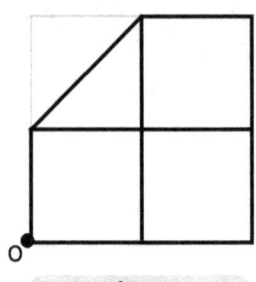

RIGHT

16

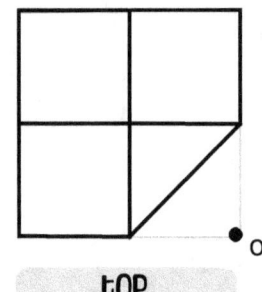

TOP

solution in 15

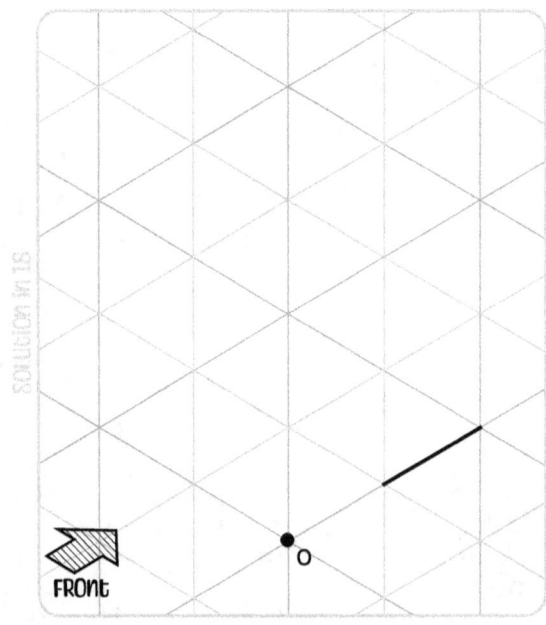

FRONT

o

ISOMÉTRICO

SOLUCIÓN

14

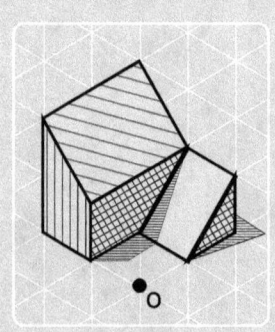

o

tomono ta

nivel 2
CUBO 3X3X3
intermedio

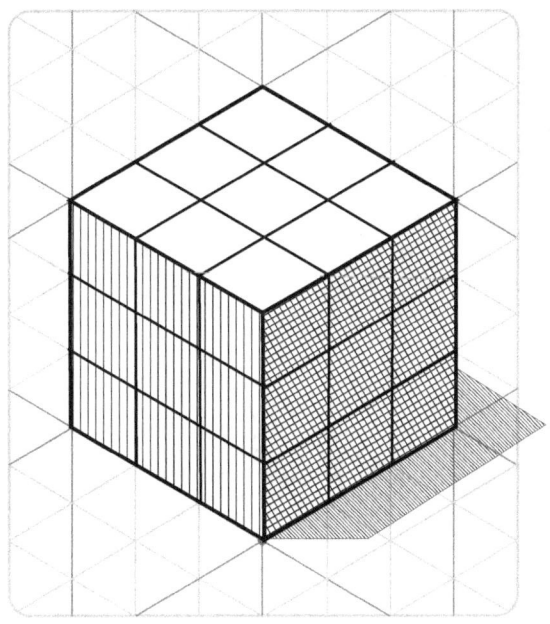

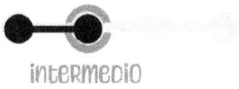

intermedio

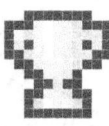

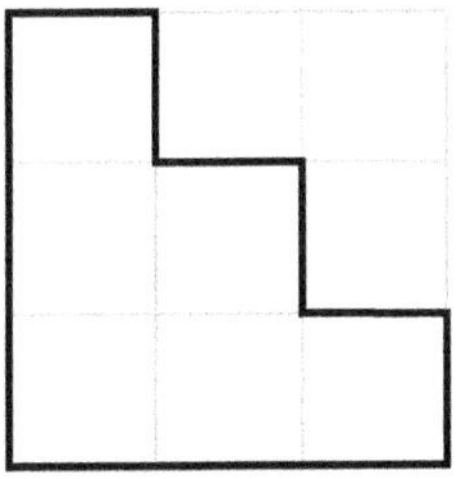

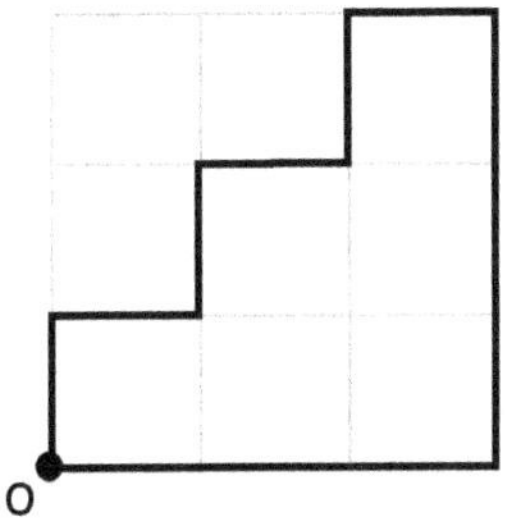

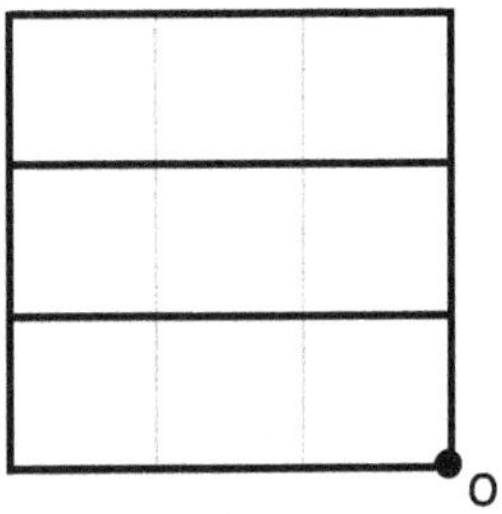

LEFT

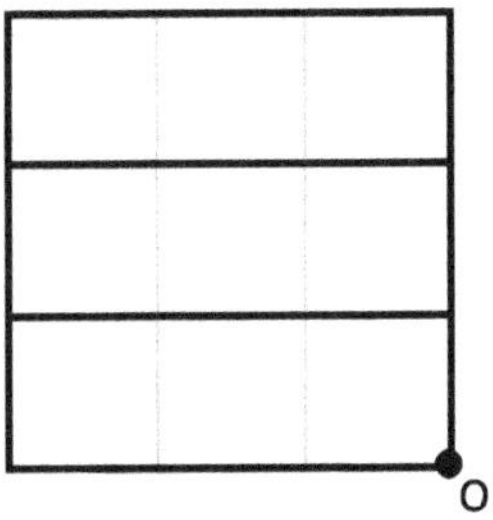

FRONT

o

o

RIGHT

TOP

o

SOLUCIÓN
15

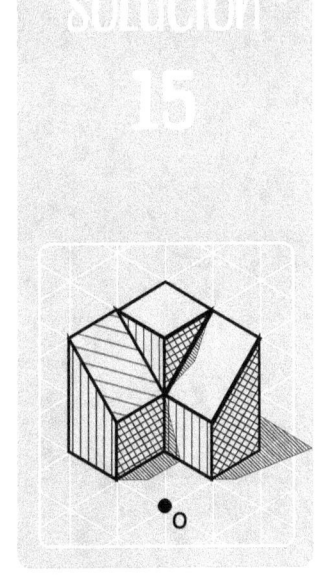

o

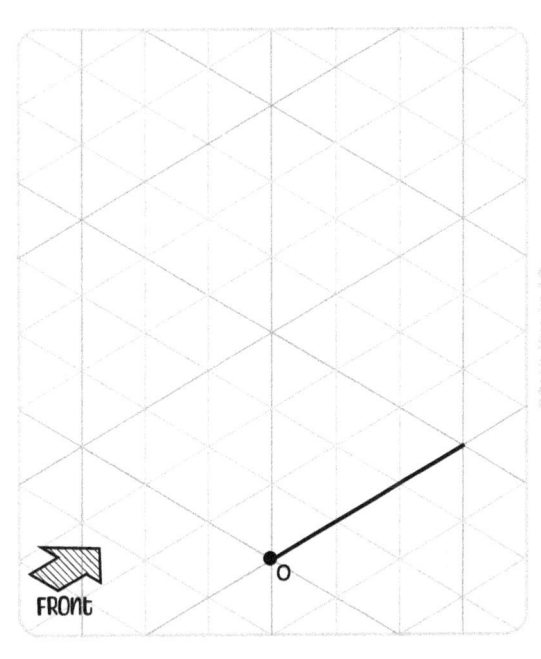

FRONT

o

ISOMÉTRICO

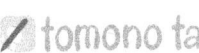

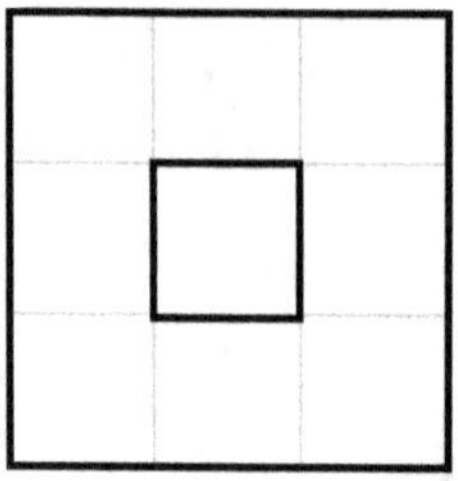

LEFT

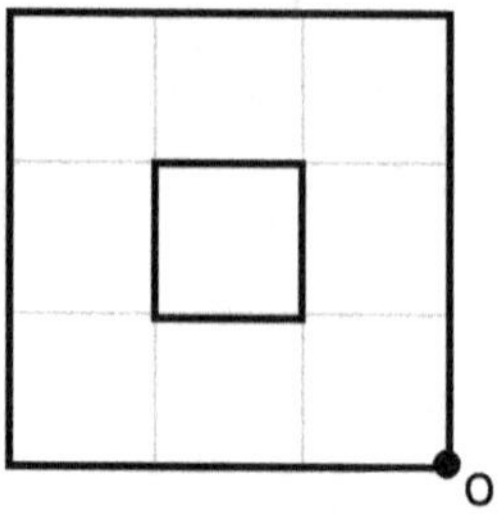

FRONT
O

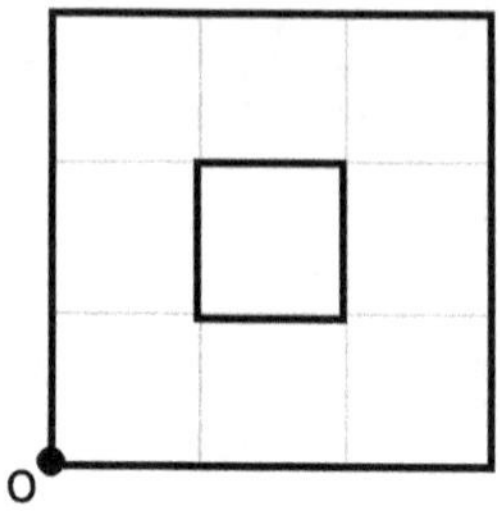

RIGHT
O

18

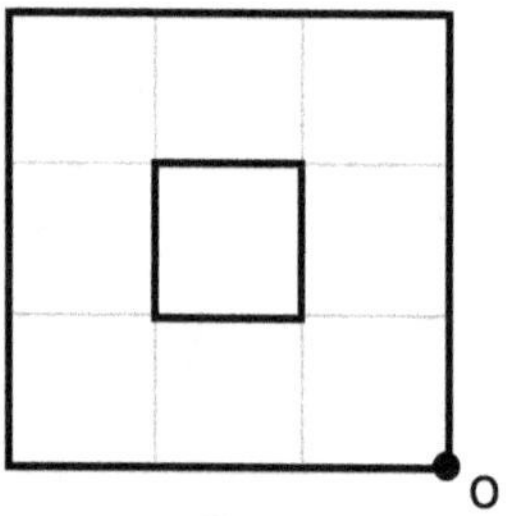

tOP
O

SOLUCIÓN
16

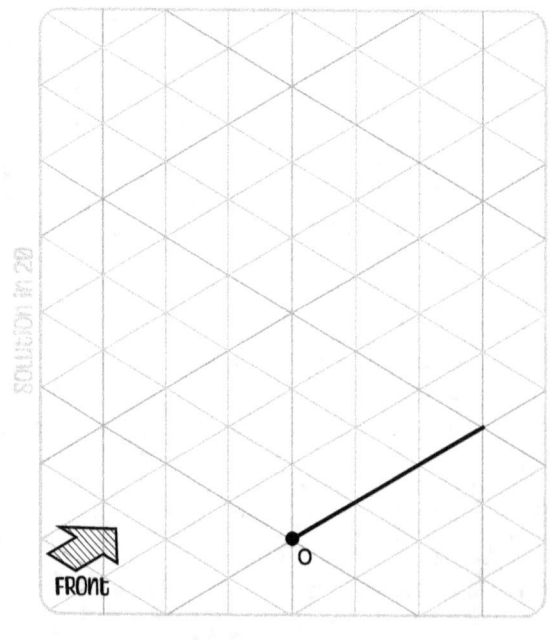

SOLUtion in 2D

FRONT

O

isOMÉtRiCO

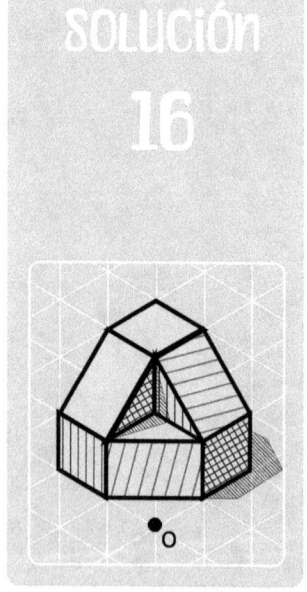

O

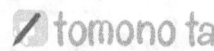

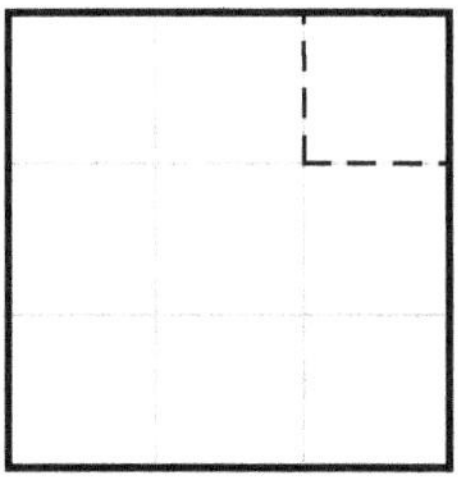

LEFT

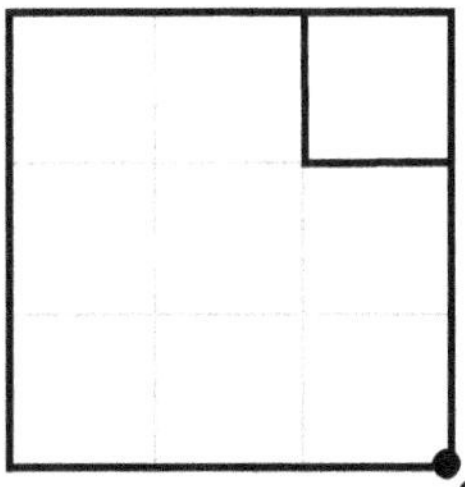

FRONT
o

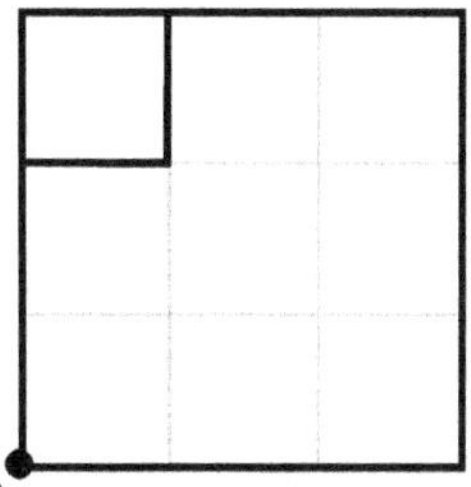

RIGHT
o

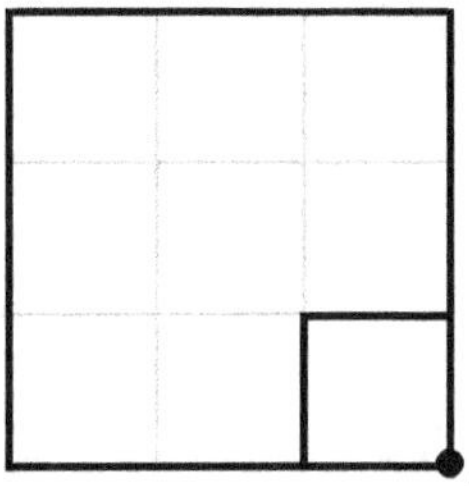

TOP
o

19

SOLUCIÓN
17

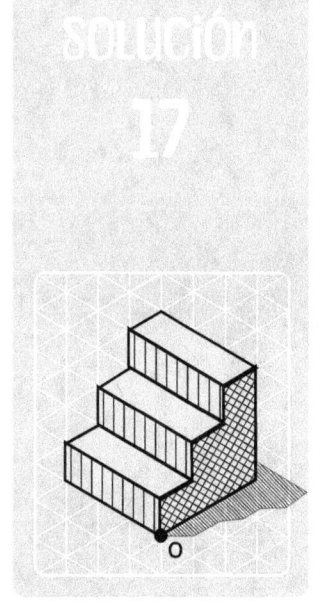

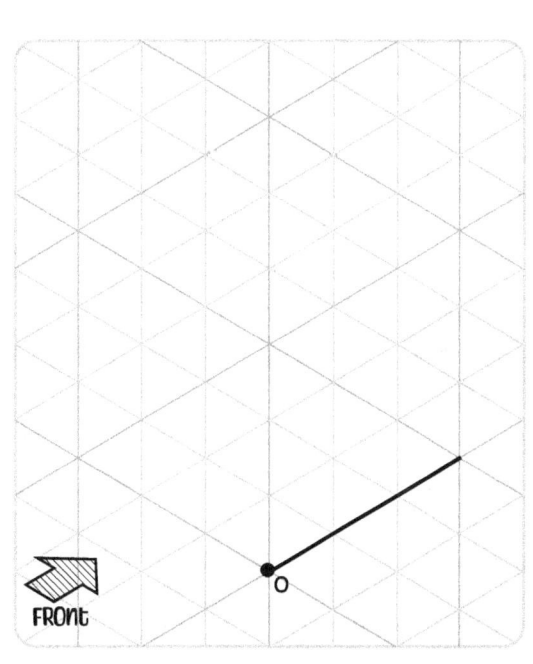

FRONT

ISOMÉTRICO

/ tomono ta

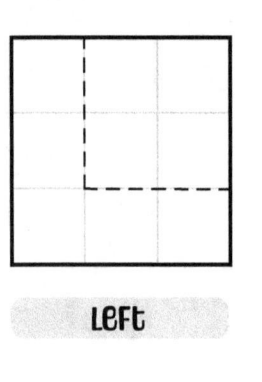
LEFT

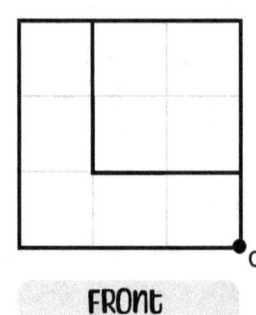
FRONT

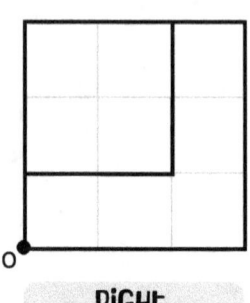
RIGHT

20

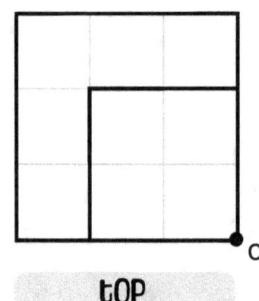
TOP

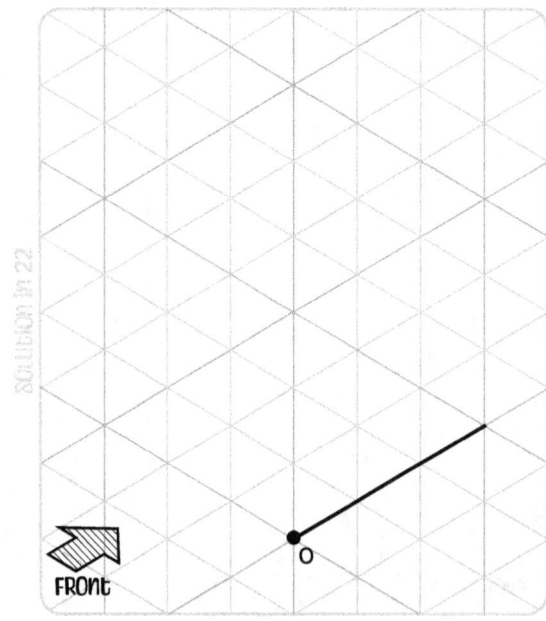

iSOMÉTRICO

SOLUCIÓN
18

FRONT

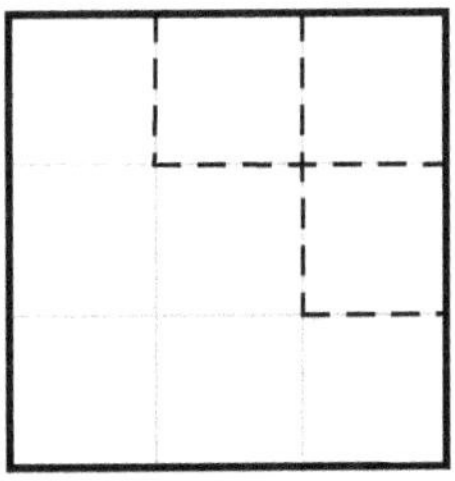

LEFT

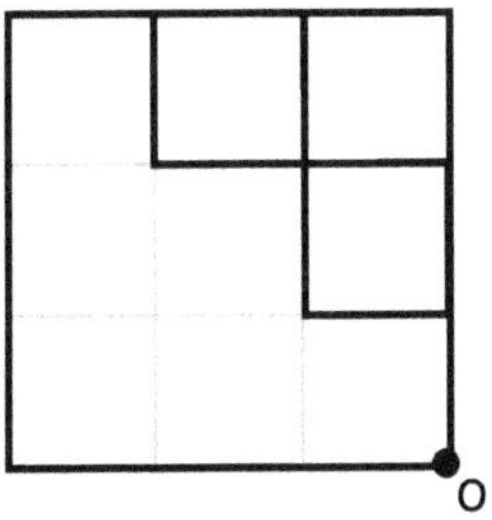

FRONT

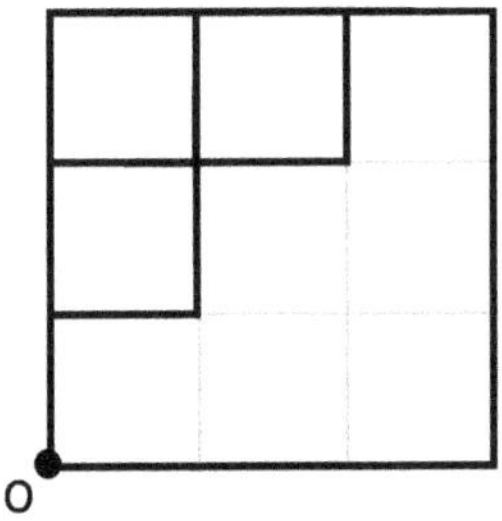

○

○

RIGHT

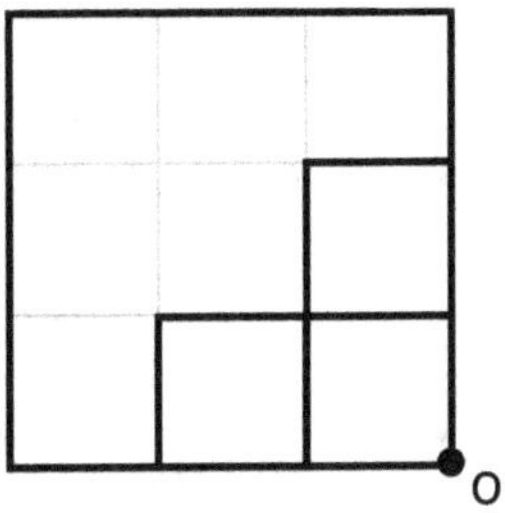

○

TOP

21

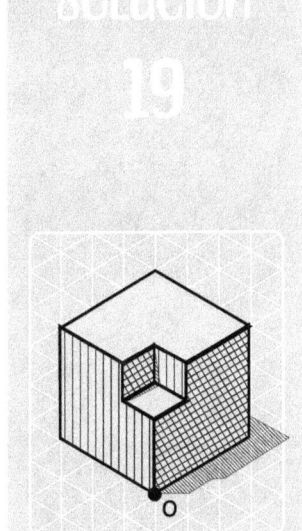

○

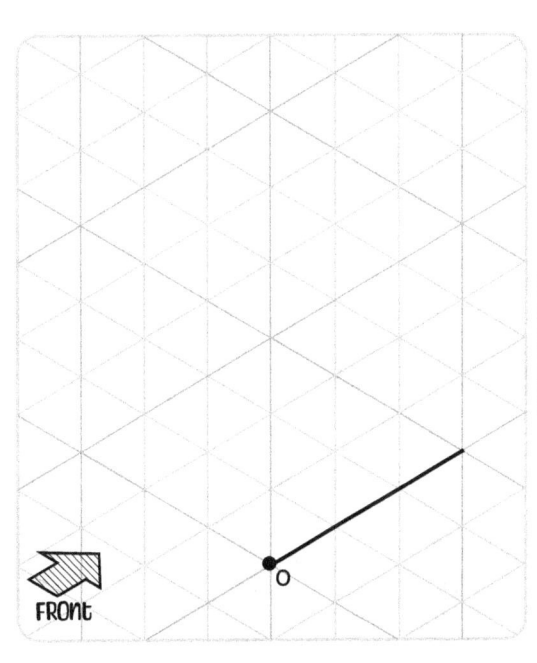

FRONT

○

ISOMÉTRICO

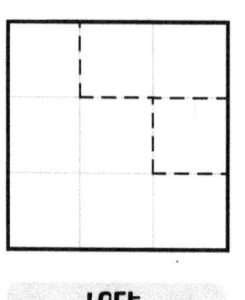

LEFT

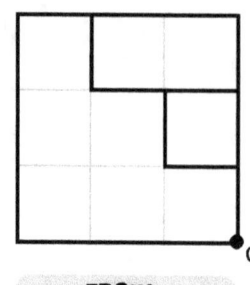

FRONT

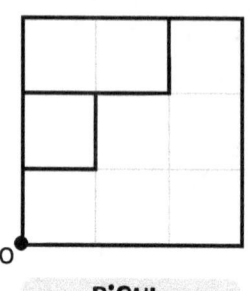

RIGHT

22

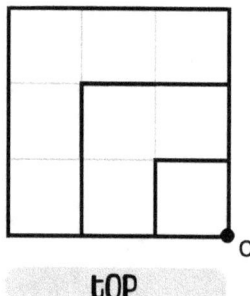

TOP

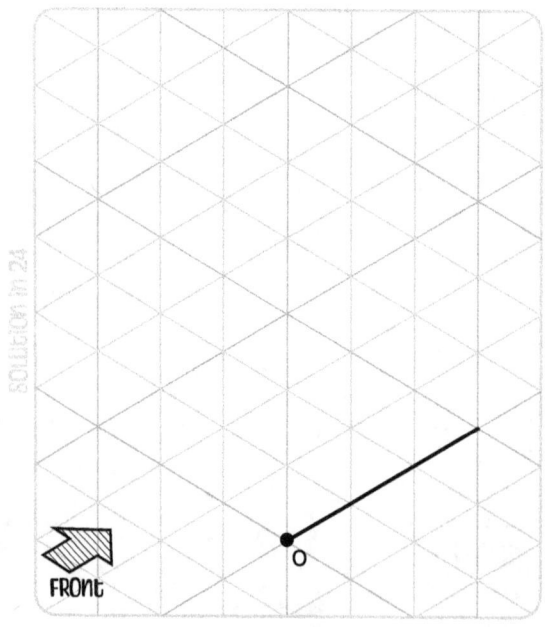

SOLUTION in 24

FRONT

ISOMÉTRICO

SOLUCIÓN

20

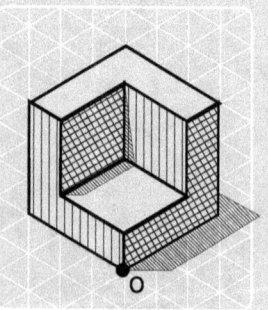

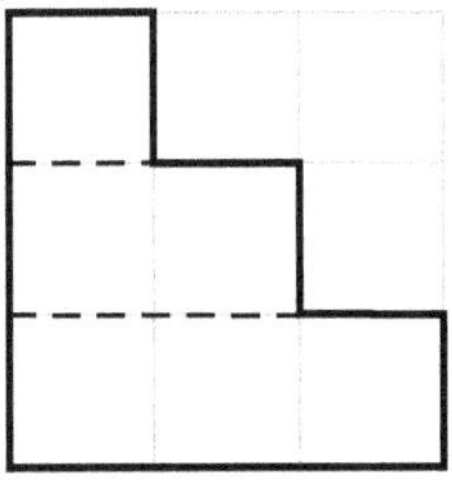

LEFT

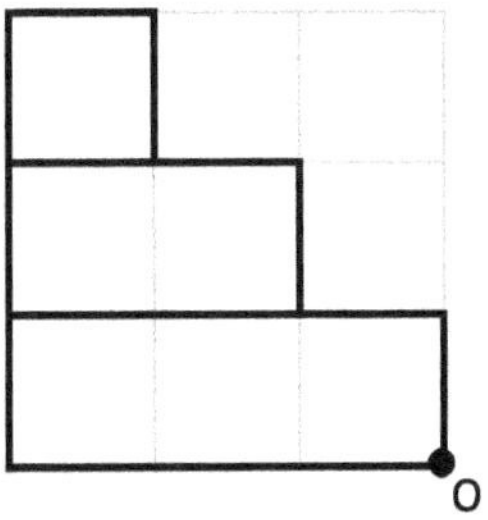

FRONT
o

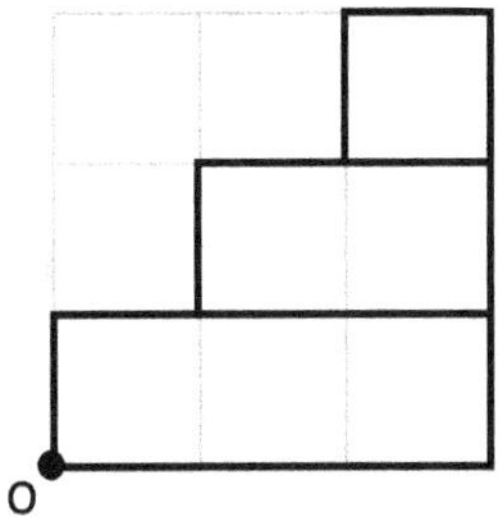

RIGHT
o

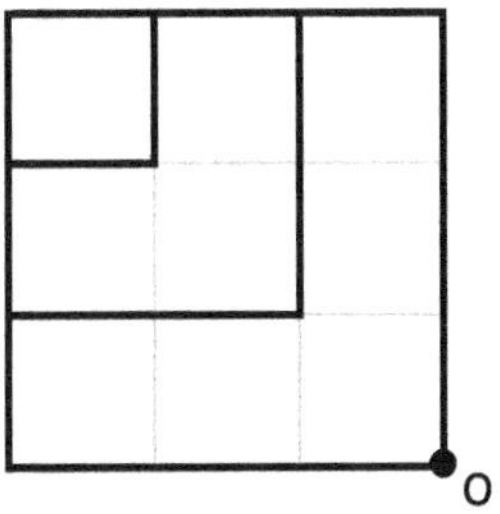

TOP
o

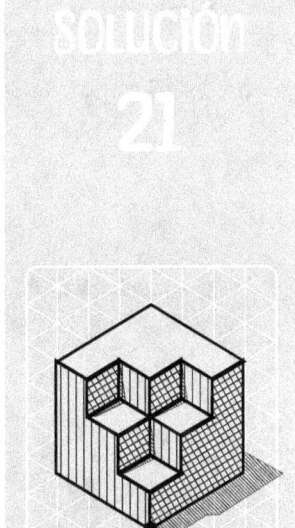

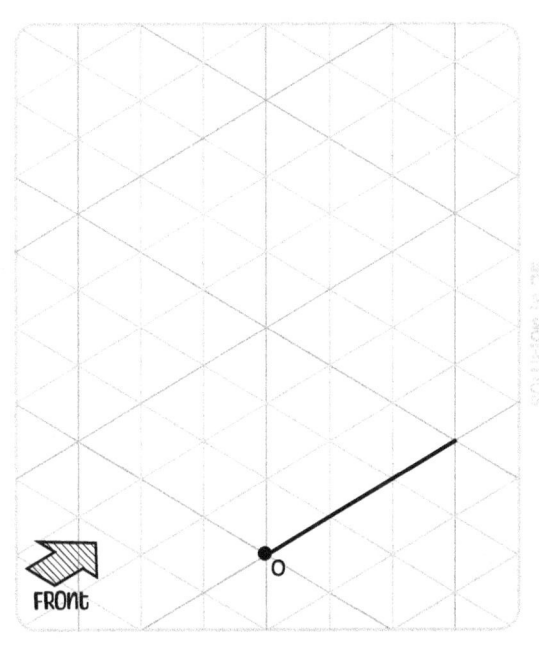

FRONT

o

ISOMÉTRICO

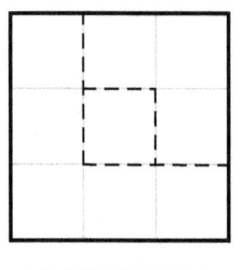

LEFT

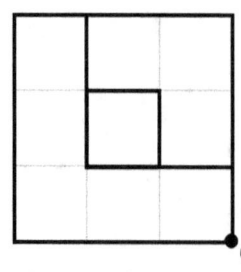

FRONT

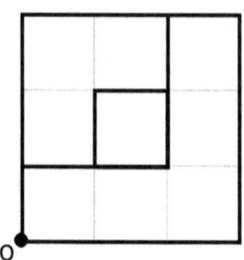

RIGHT

24

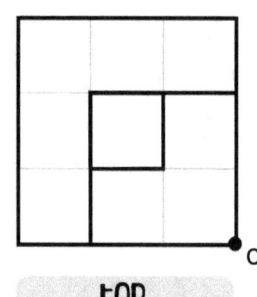

tOP

Solution in 26

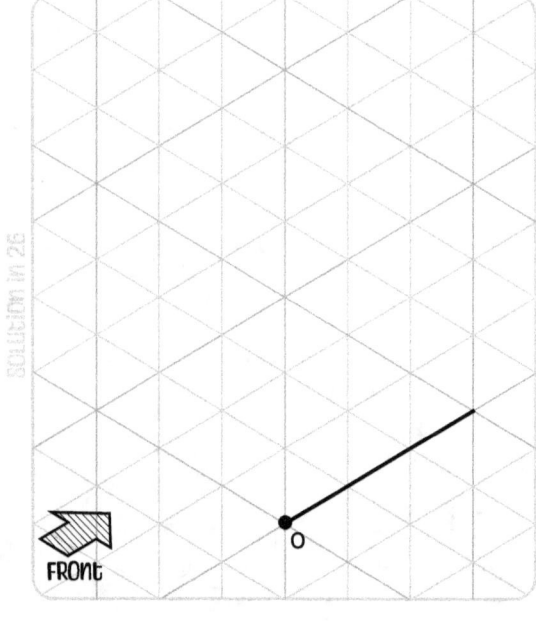

FRONT

iSOMÉTRICO

SOLUCIÓN

22

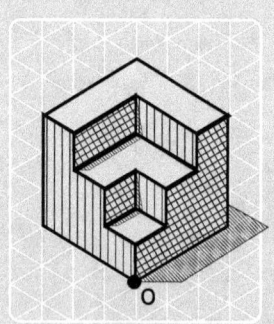

tomono ta

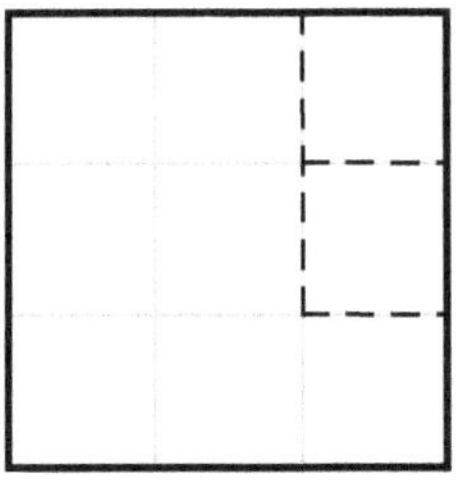

LEFT

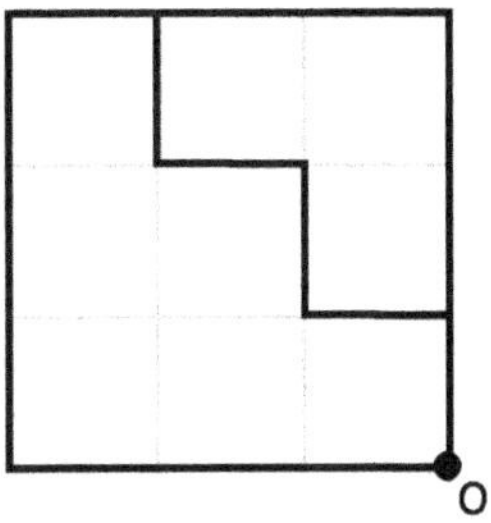

FRONT 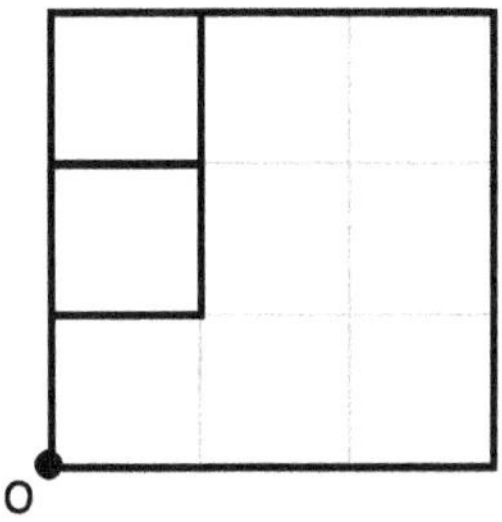
o

o
RIGHT

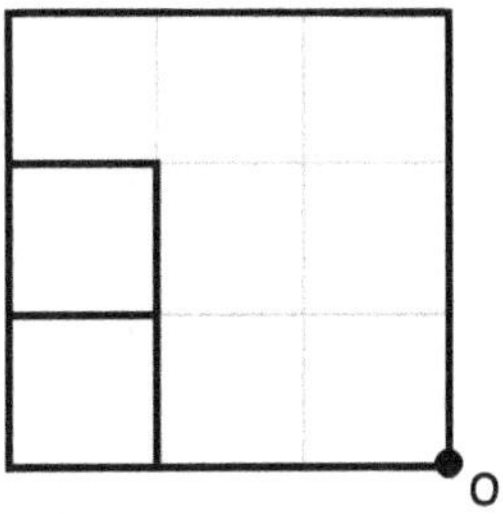

top
o

25

SOLUCIÓN
23

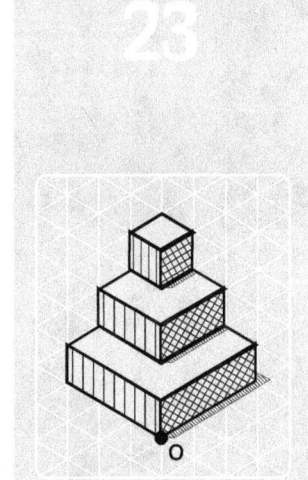

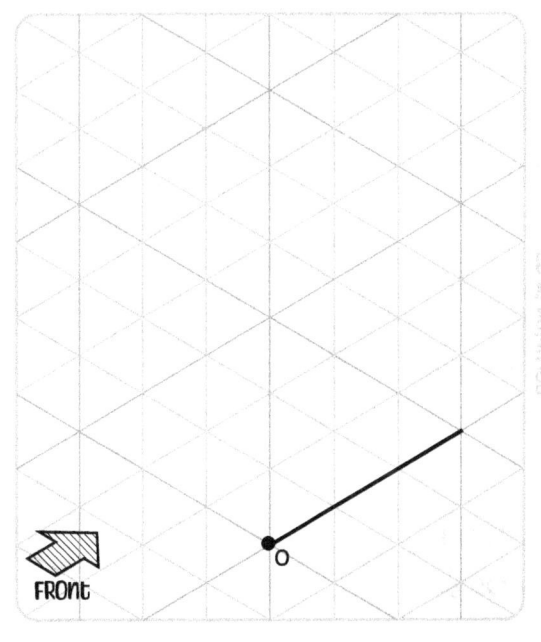

FRONT
o
o

ISOMÉTRICO

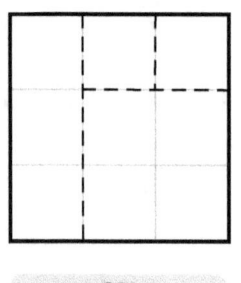

LEFT

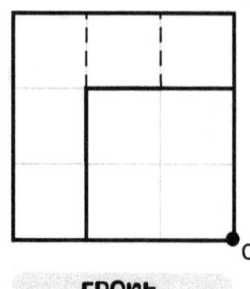

FRONT

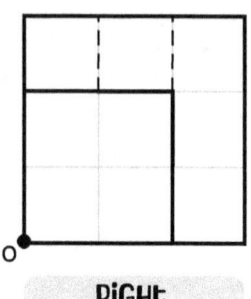

RIGHT

26

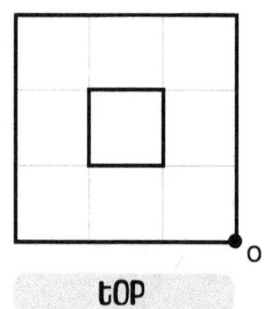

top

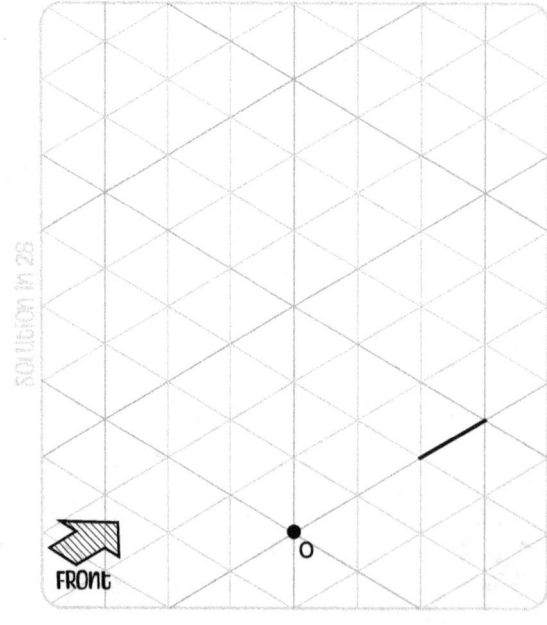

isométrico

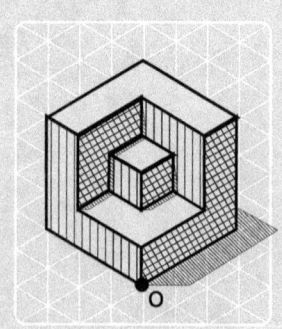

SOLUCIÓN 24

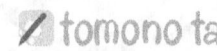
tomono ta

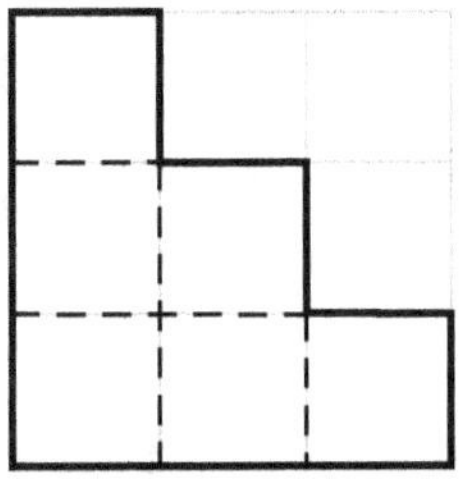

LEFT

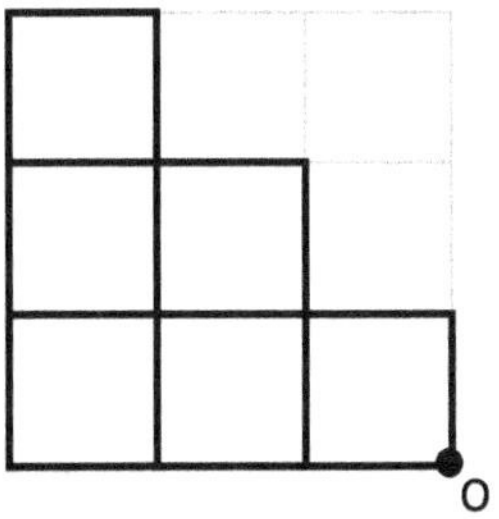

FRONT
O

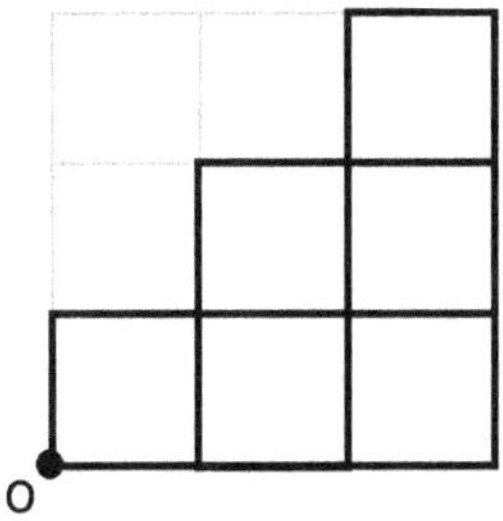

RIGHT
O

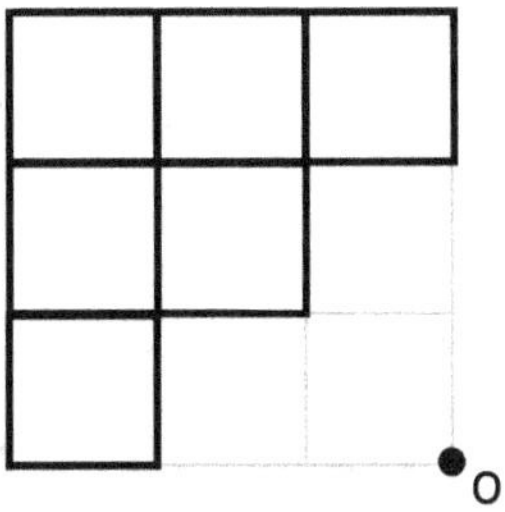

TOP
O

SOLUCIÓN 25

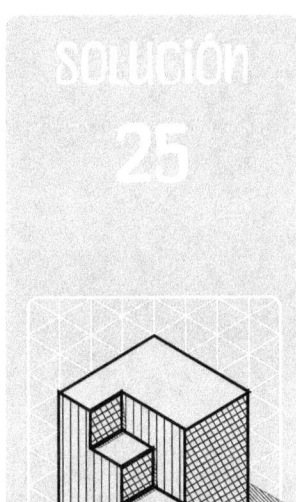
O

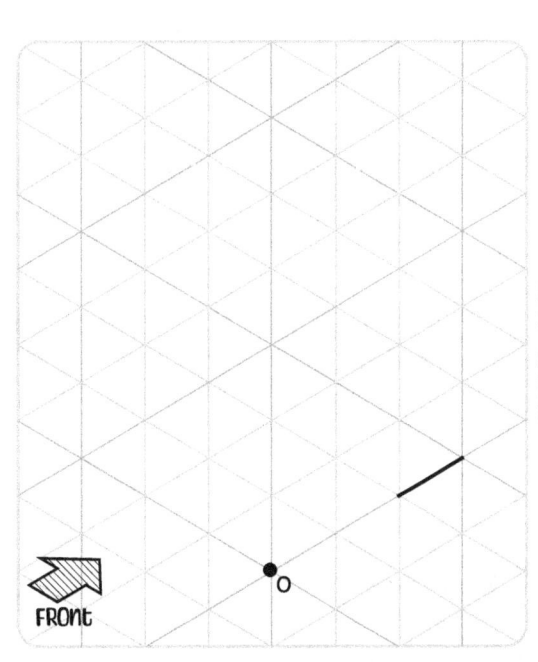
FRONT
O

ISOMÉTRICO

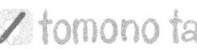

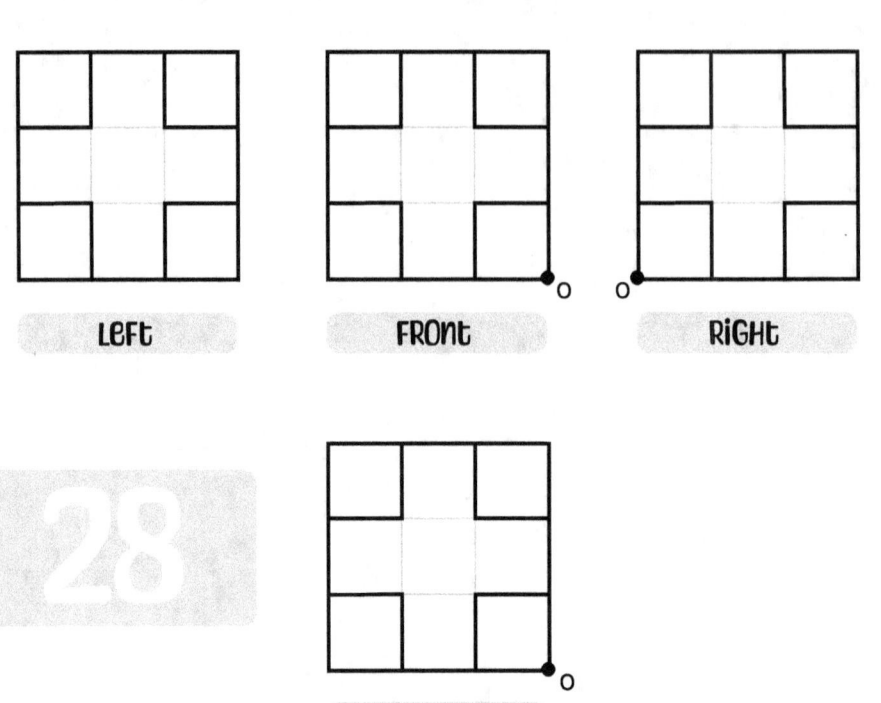

LEFT

FRONT

RIGHT

28

TOP

ISOMÉTRICO

FRONT

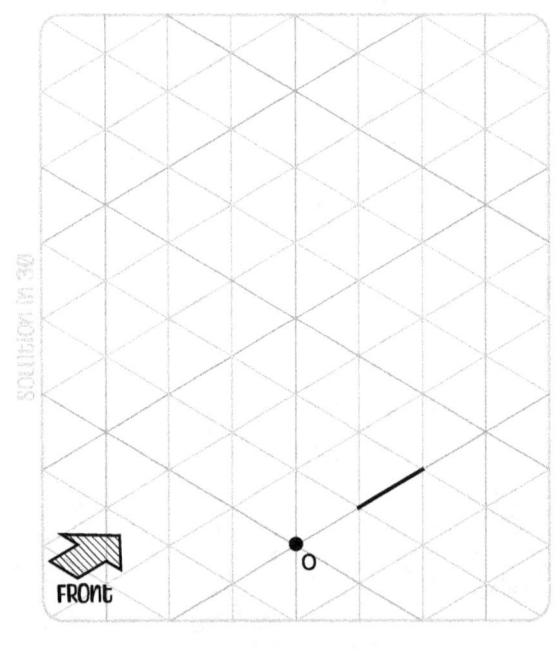

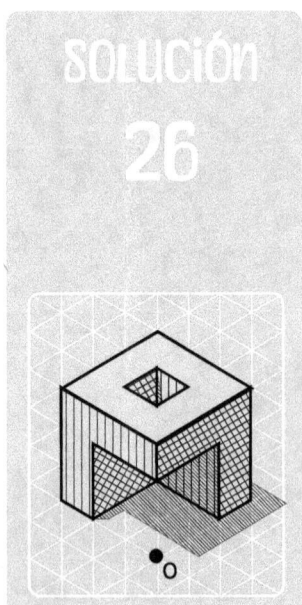

tomono ta

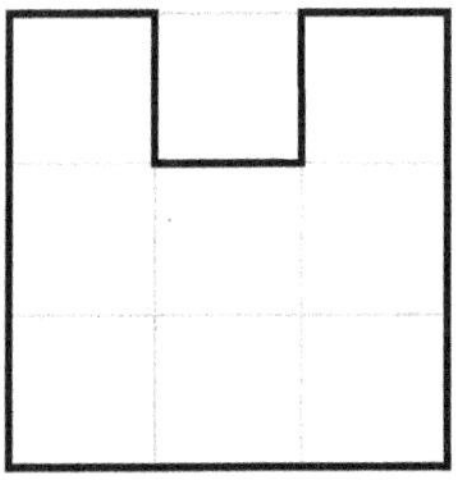

LEFT

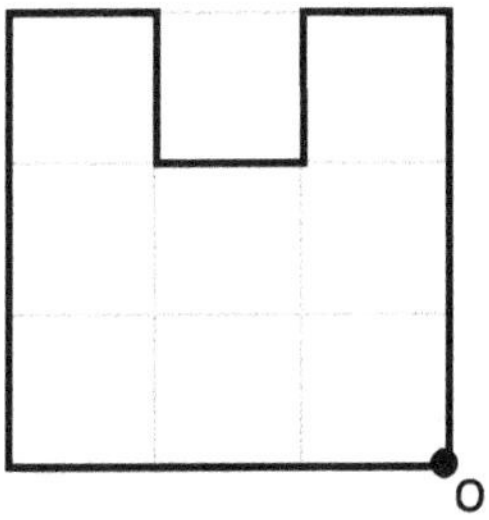

FRONT 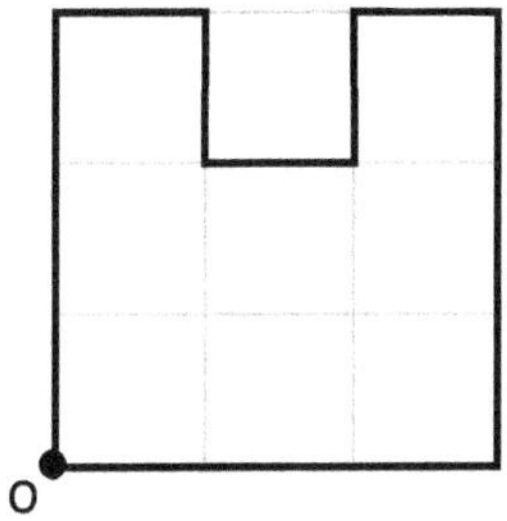
O

O
RIGHT

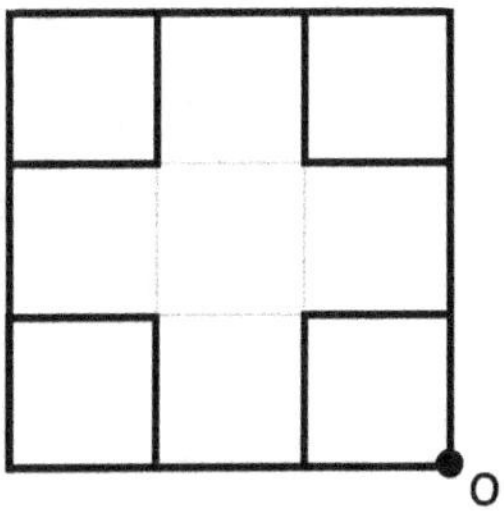

TOP
O

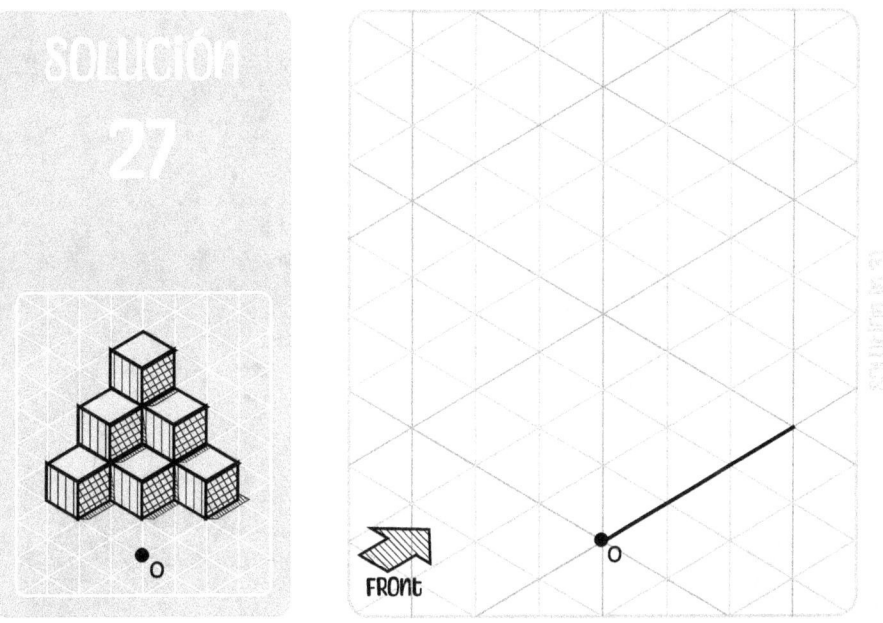

O

FRONT

O

ISOMÉTRICO

tomono ta

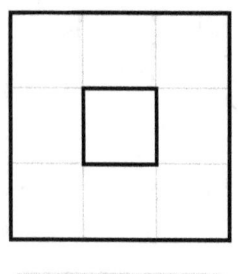

LEFT

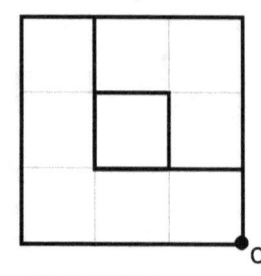

FRONT

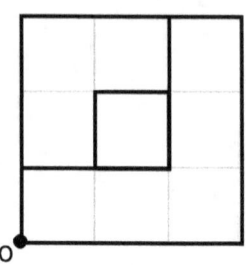

RIGHT

30

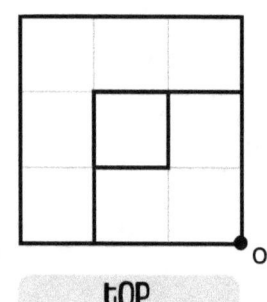

TOP

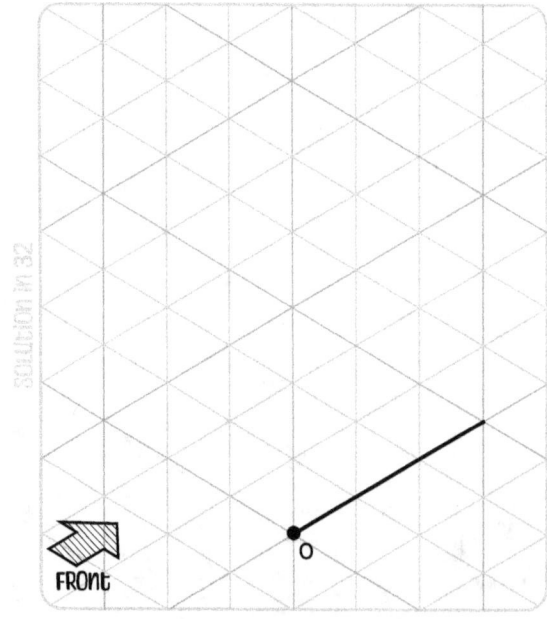

Solution in 32

FRONT

ISOMÉTRICO

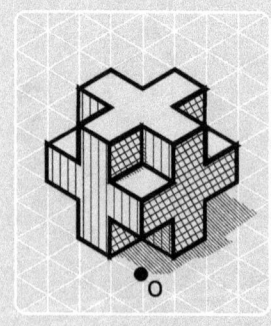
tomono ta

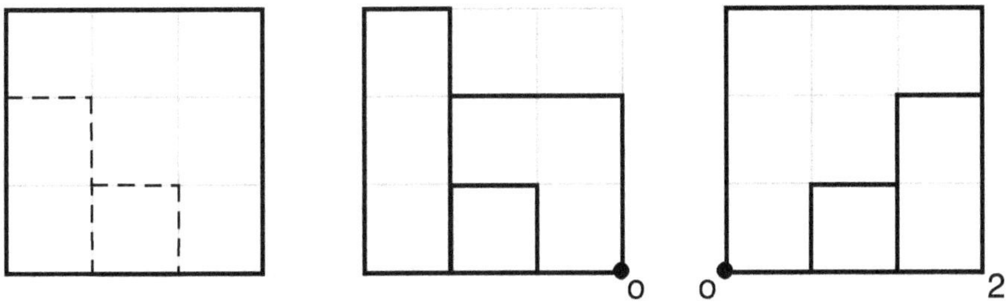

LEFT

FRONT

o

o RIGHT 2

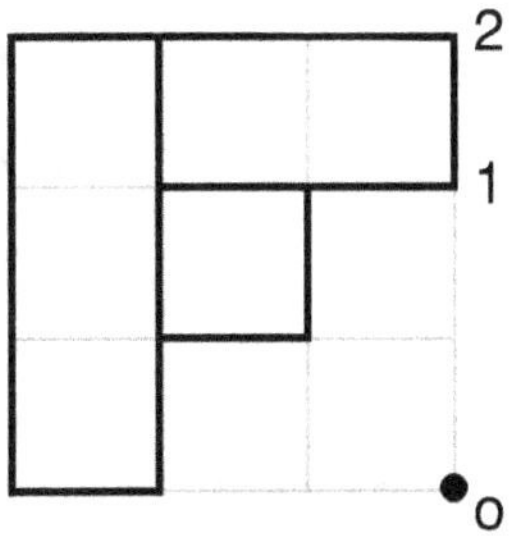

2
1

o TOP

SOLUCIÓN 29

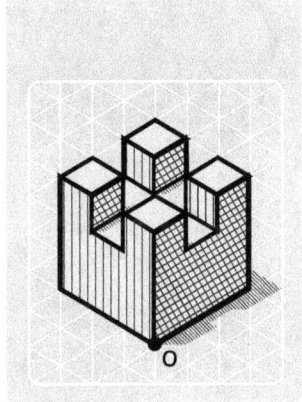

o

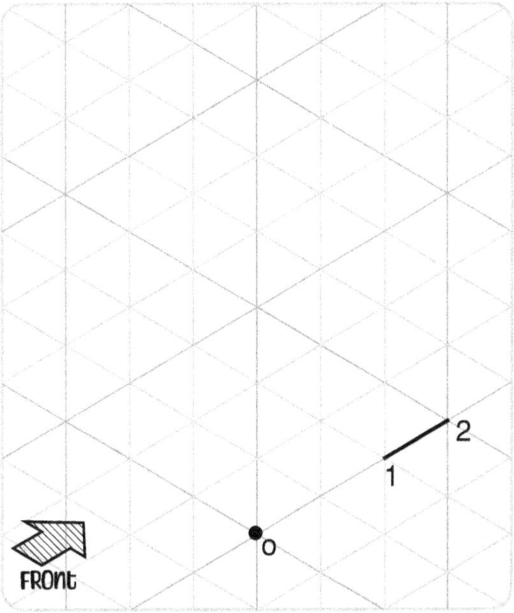

31

Solución pi 33

2
1

o

FRONT

ISOMÉTRICO

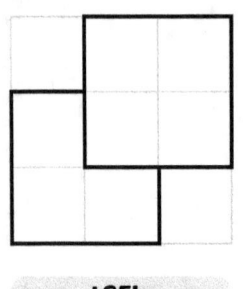

LEFT

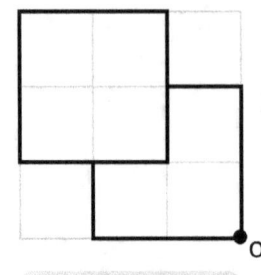

FRONT

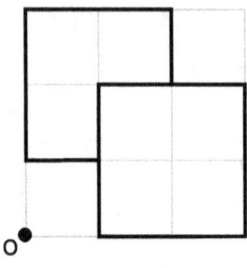

RIGHT

32

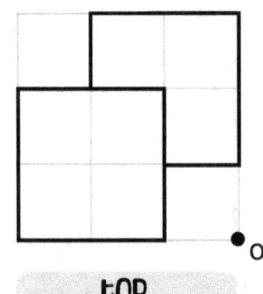

tOP

Solution in 34

FRONT

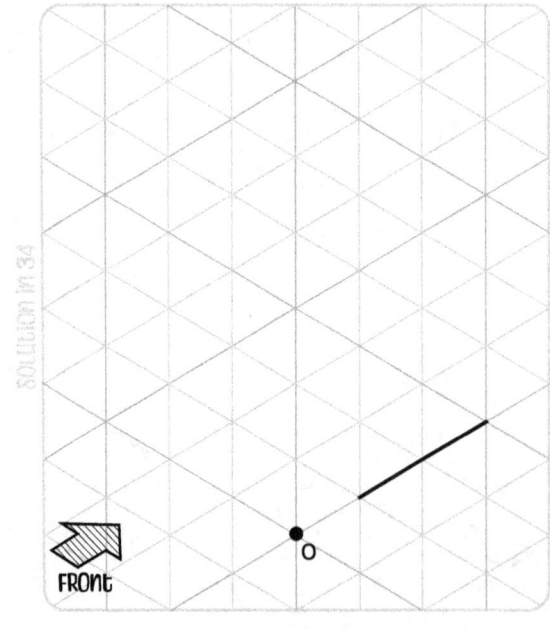

iSOMéTRiCO

SOLUCiÓN
30

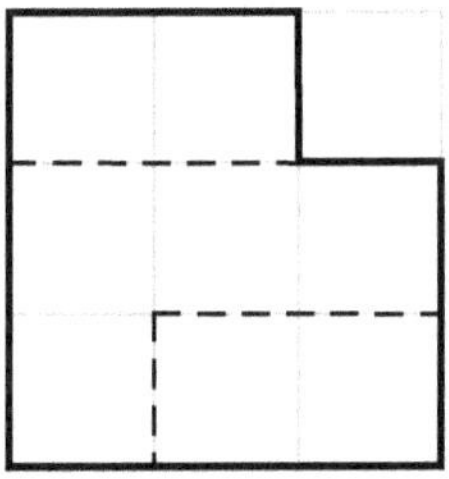

LEFT

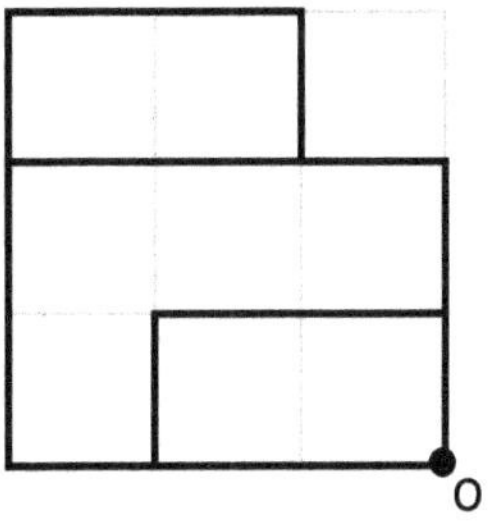

FRONT
0

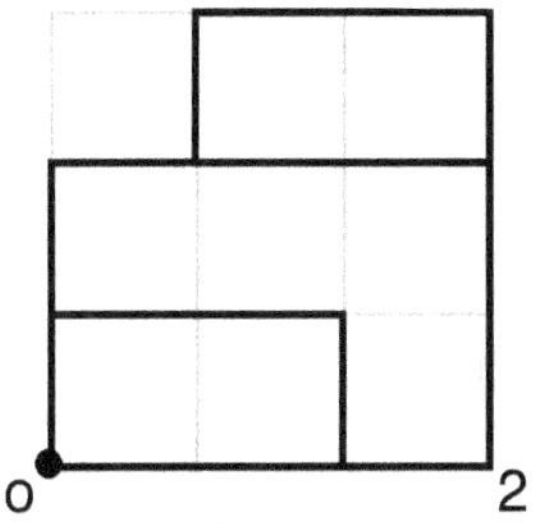

RIGHT 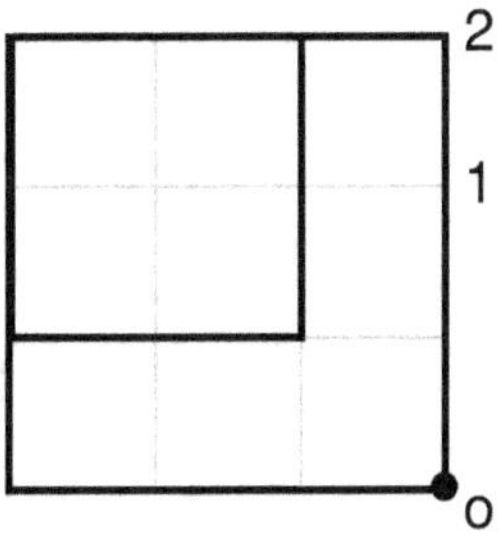
0   2

2
1
0
top

33

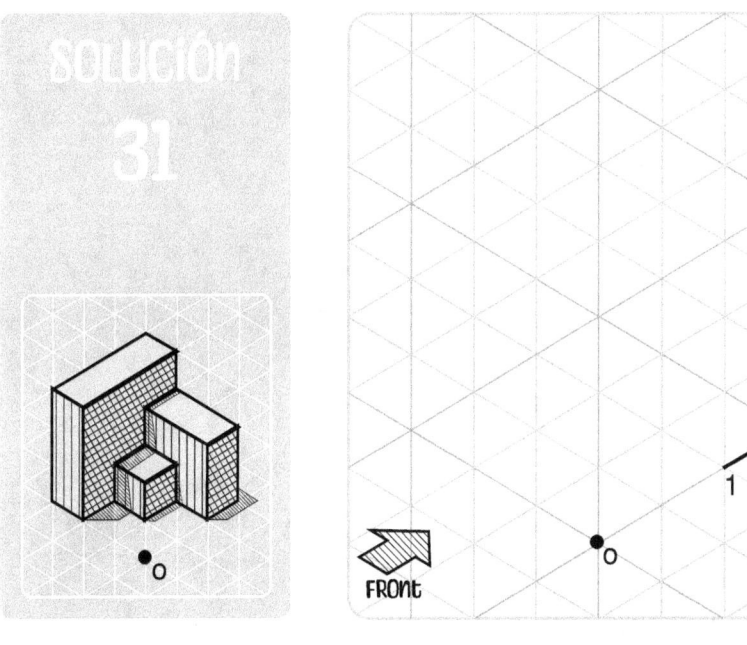

2
1
O
FRONT

ISOMÉTRICO

tomono ta

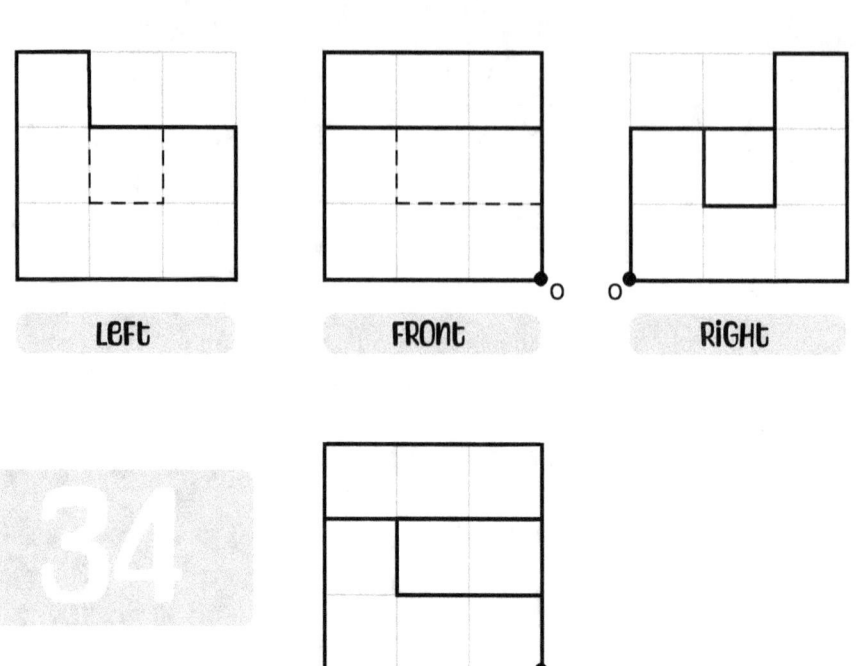

LEFT

FRONT

RIGHT

34

TOP

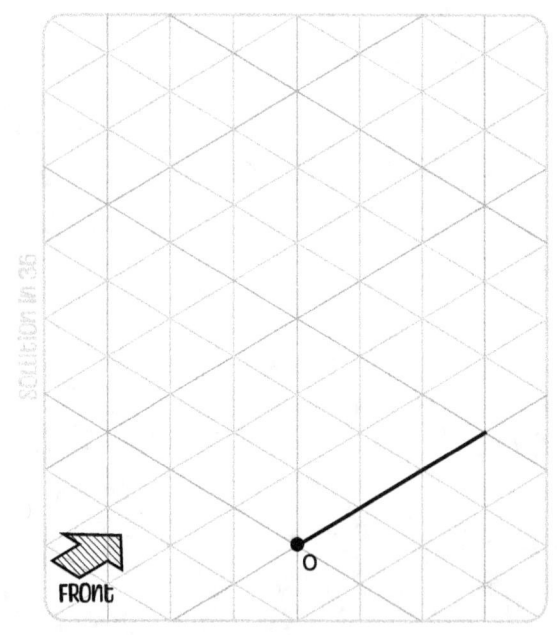

FRONT

ISOMÉTRICO

SOLUTION in 35

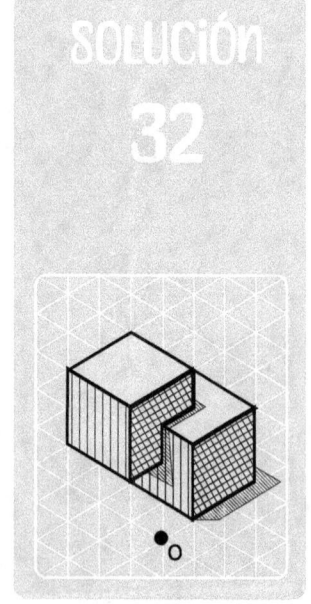

SOLUCIÓN
32

tomono ta

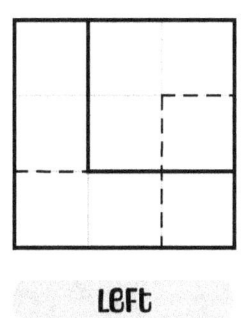

LEFt

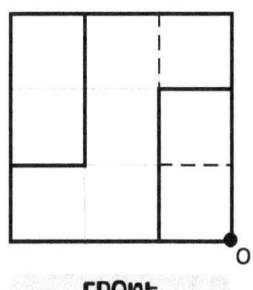

FROnt

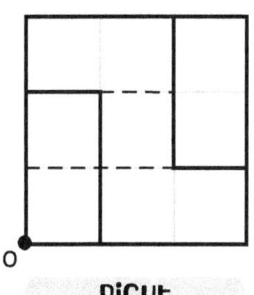

RIGHt

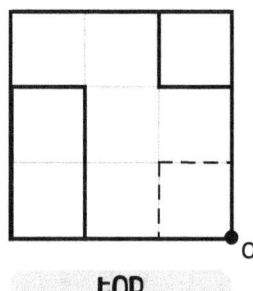

tOP

35

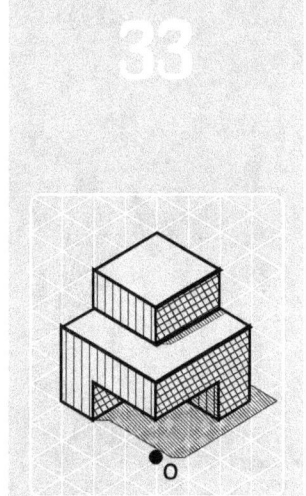

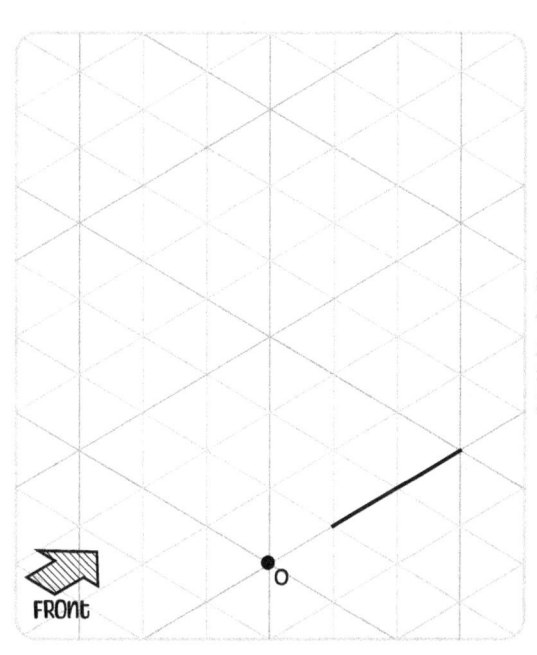

FROnt

iSOMÉtRICO

tomono ta

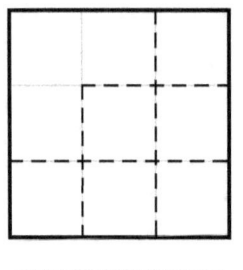

LEFT

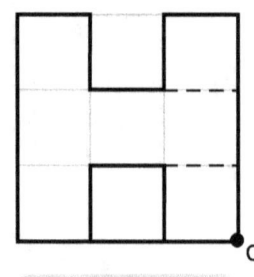

FRONT

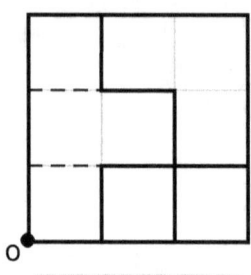

RIGHT

36

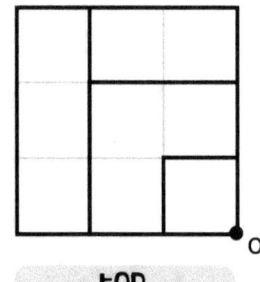

TOP

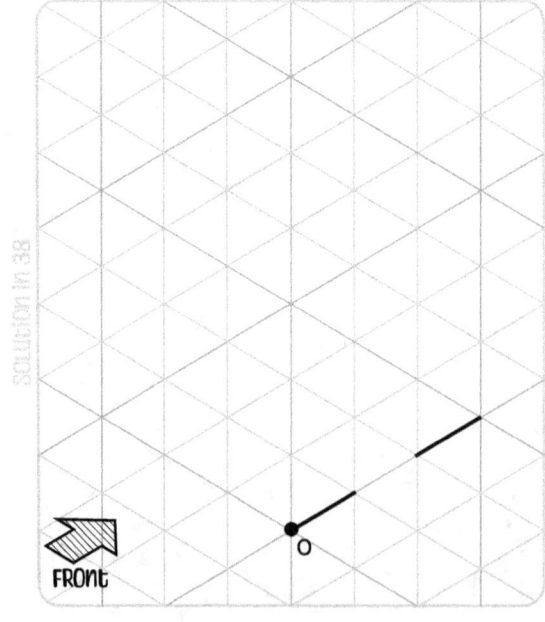

FRONT

O

ISOMÉTRICO

Solution in 38

SOLUCIÓN
34

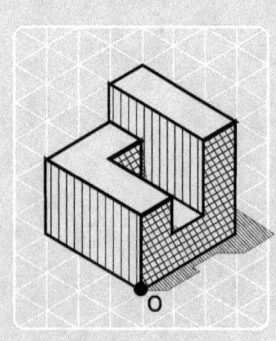

O

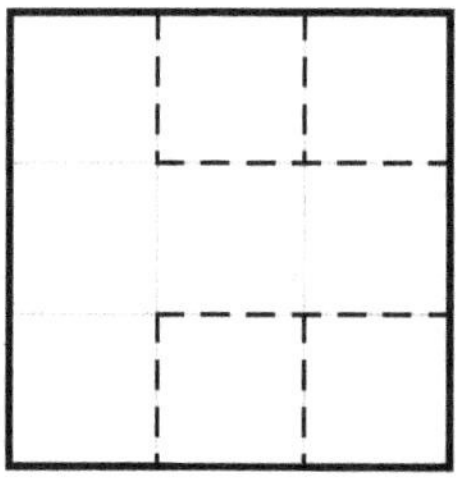

LEFT

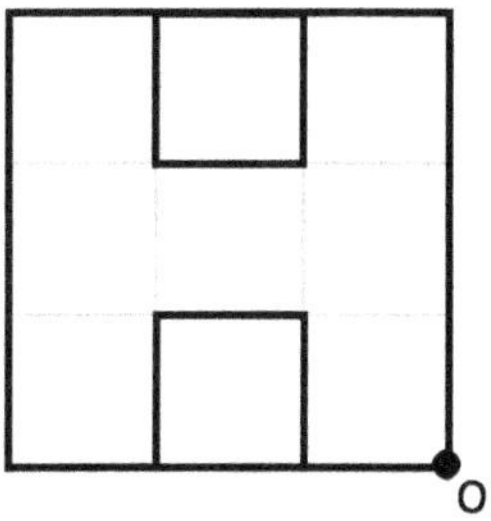

FRONT
O

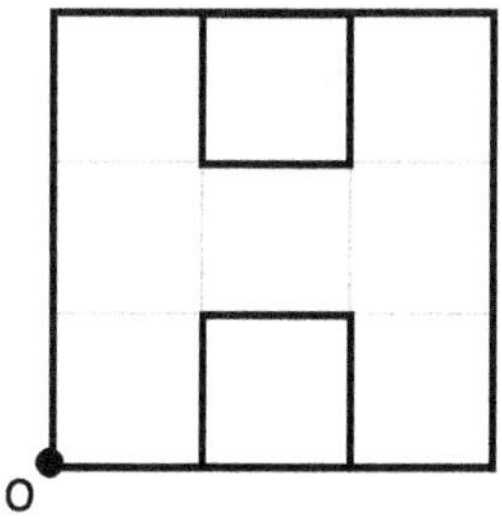

RIGHT
O

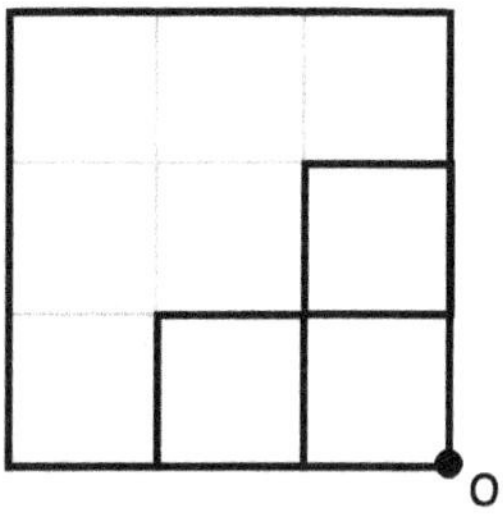

tOP
O

SOLUCIÓN
35

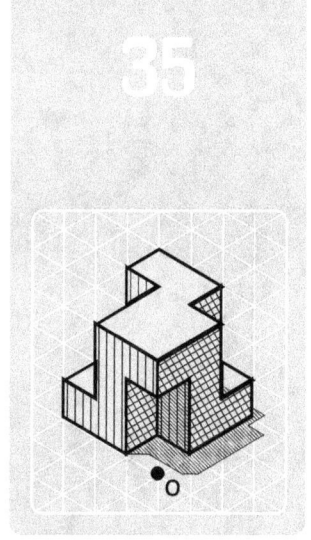
O

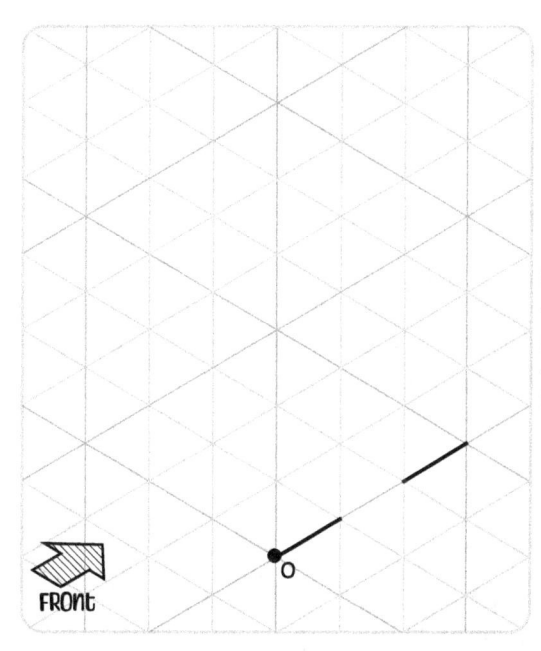
FRONT
O

ISOMÉTRICO

tomono ta

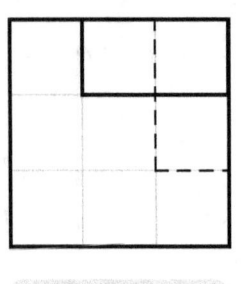

LEFT

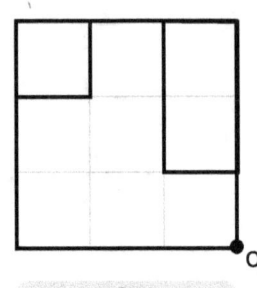

FRONT

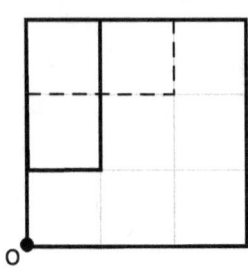

RIGHT

38

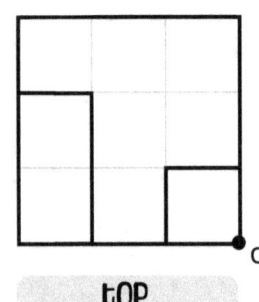

tOP

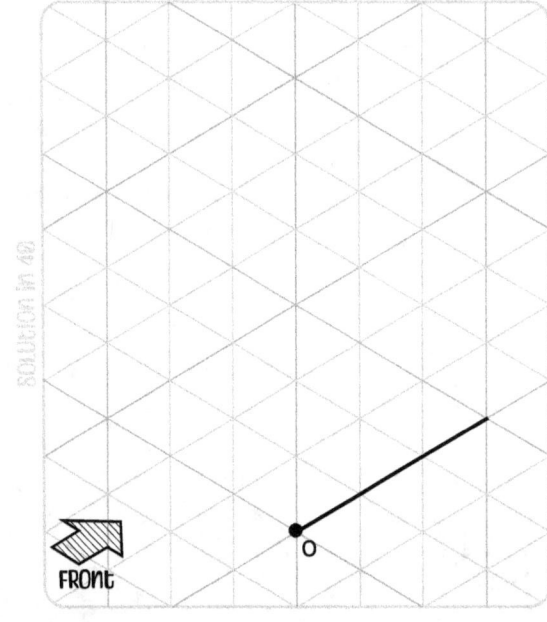

iSOMéTRICO

SOLUCión in 42

SOLUCión 36

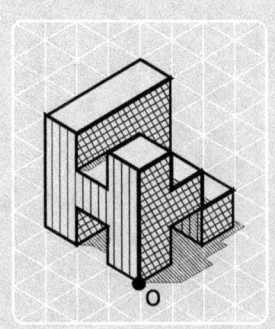

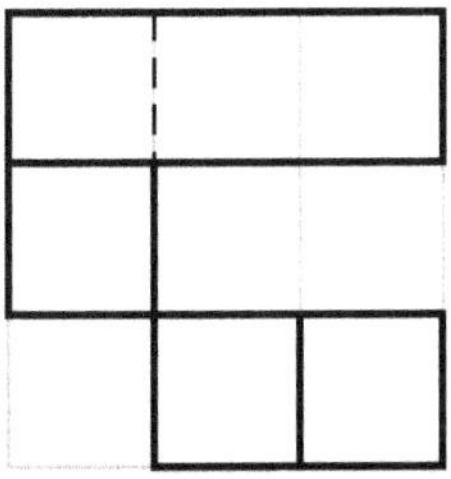

LEFT

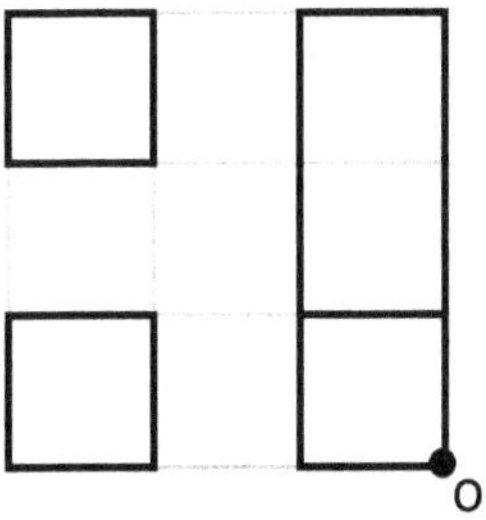

FRONT
O

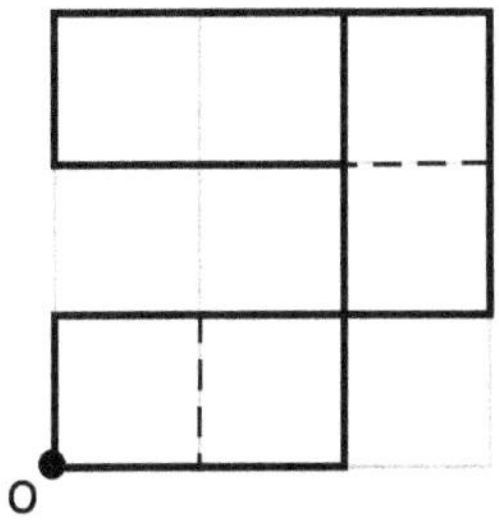

RIGHT
O

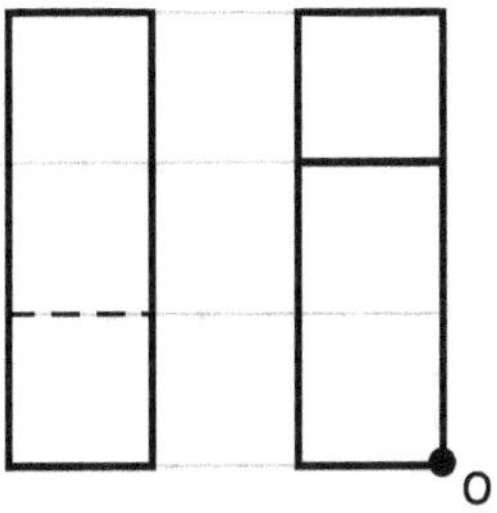

TOP
O

#39

SOLUCIÓN
37

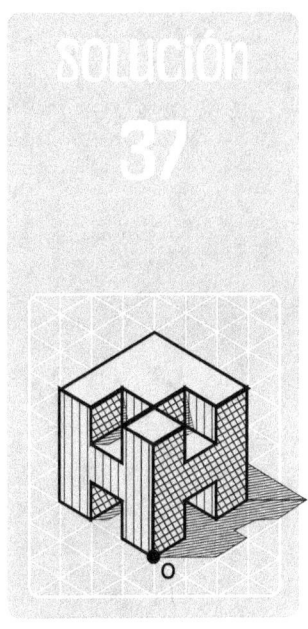

O

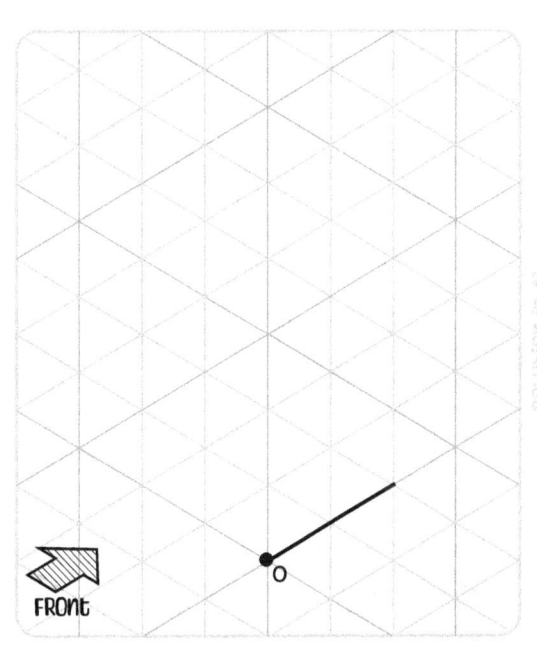

FRONT

O

ISOMÉTRICO

solution in el

/ tomono ta

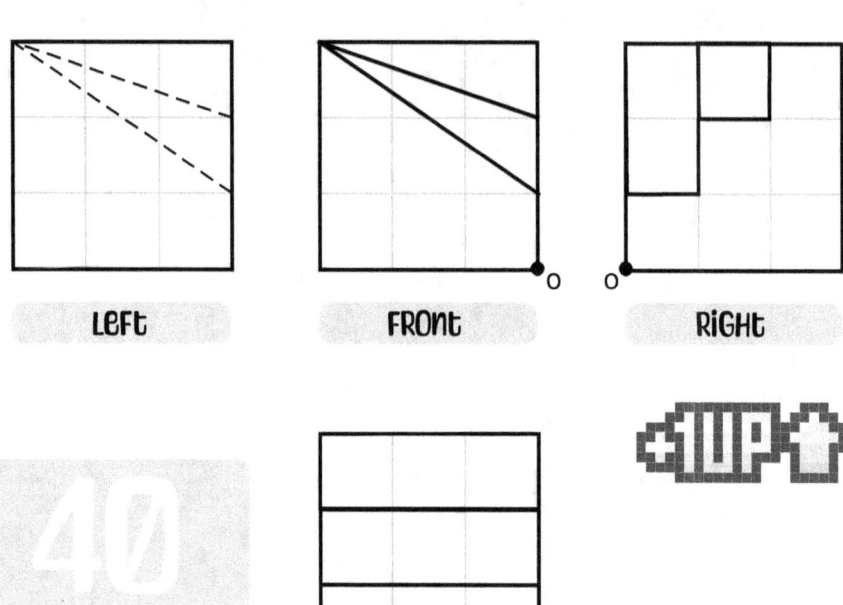

LEFT

FRONT

RIGHT

40

TOP

+1UP↑

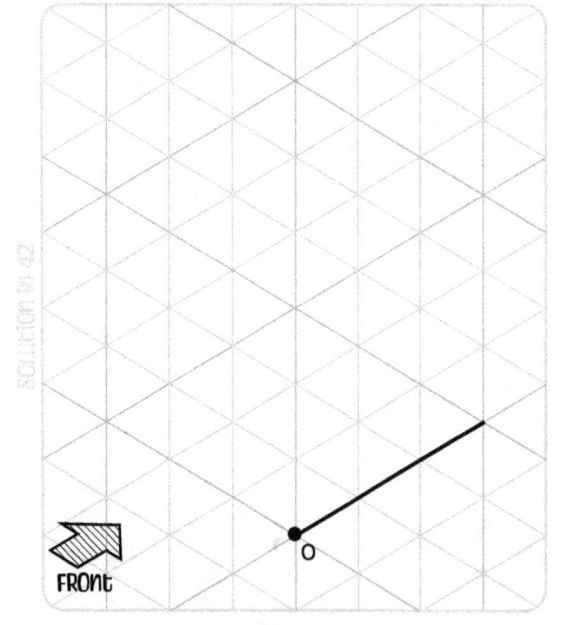

solution in 42

FRONT

ISOMÉTRICO

SOLUCIÓN 38

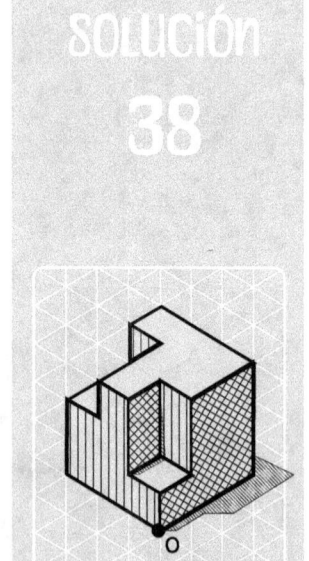

tomono ta

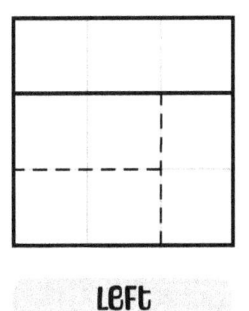

LEFT

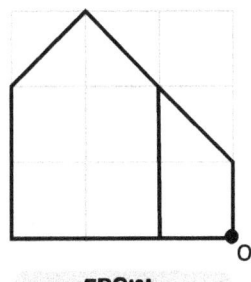

FRONT

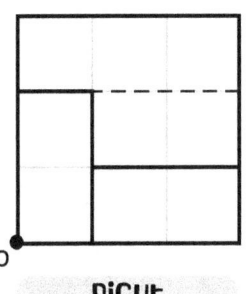

RIGHT

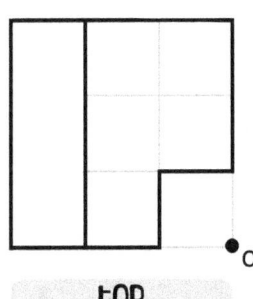

TOP

41

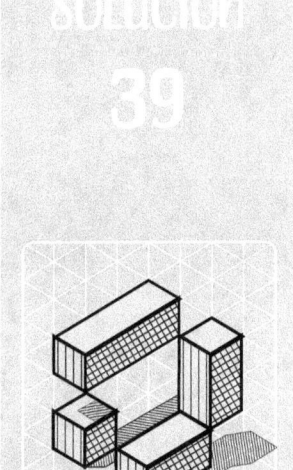

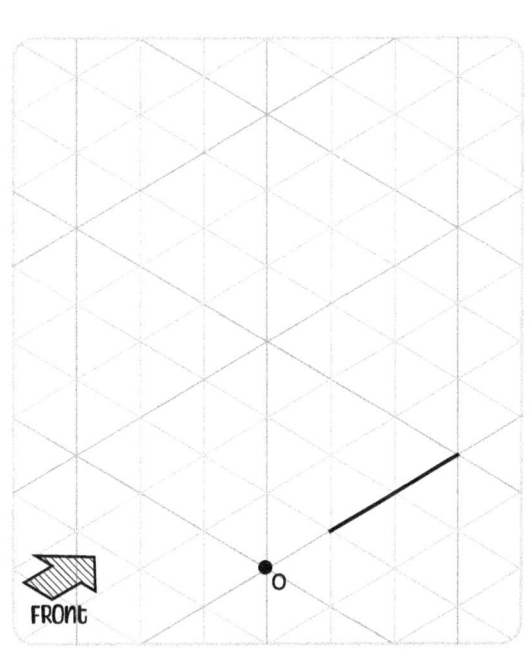

FRONT

ISOMÉTRICO

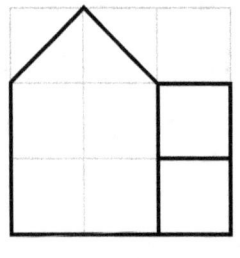

LEFT

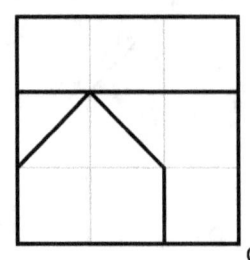

FRONT

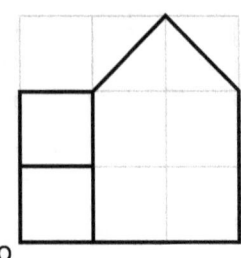

RIGHT

42

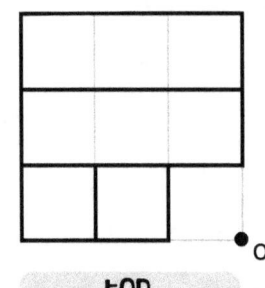

TOP

SOLUTION in 44

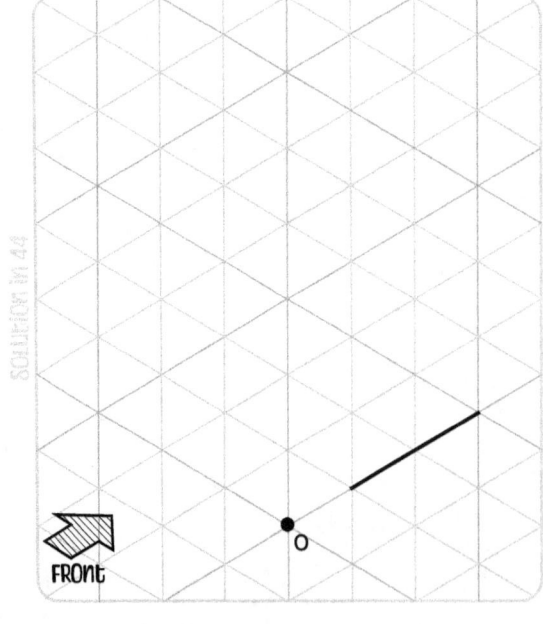

FRONT

ISOMÉTRICO

SOLUCIÓN 40

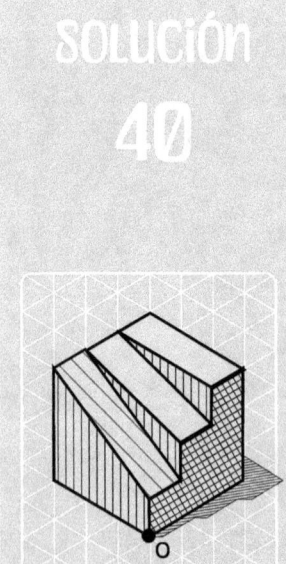

/ tomono ta

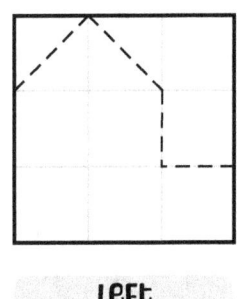

LEFT

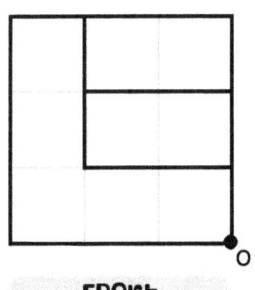

FRONT

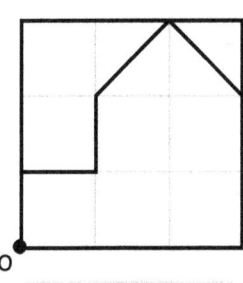

RIGHT

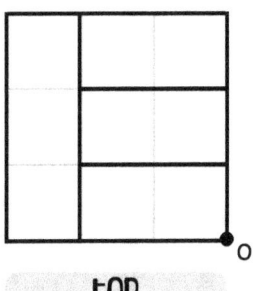

TOP

43

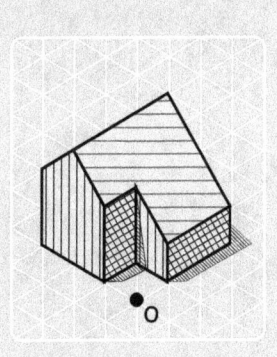

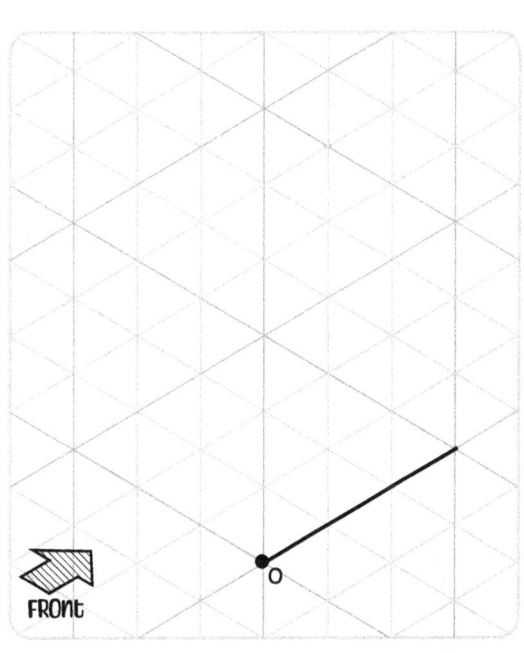

FRONT

ISOMÉTRICO

tomono ta

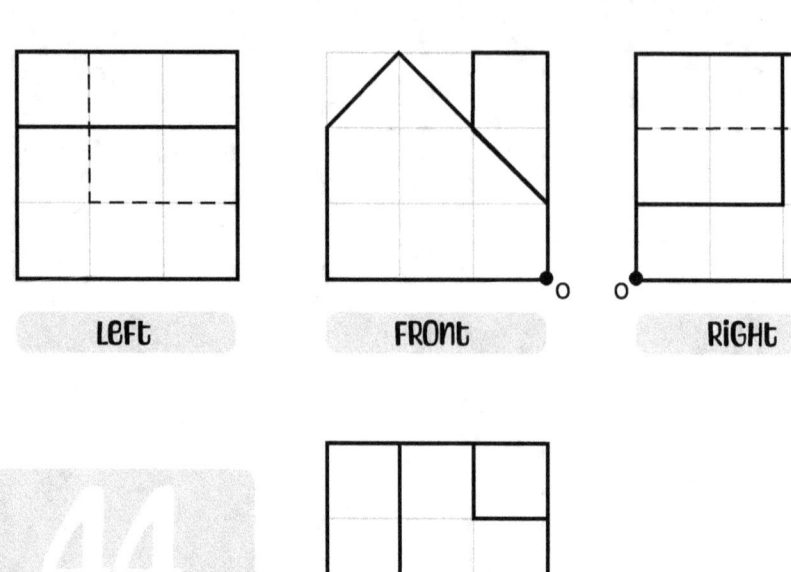

LEFT FRONT RIGHT

44

TOP

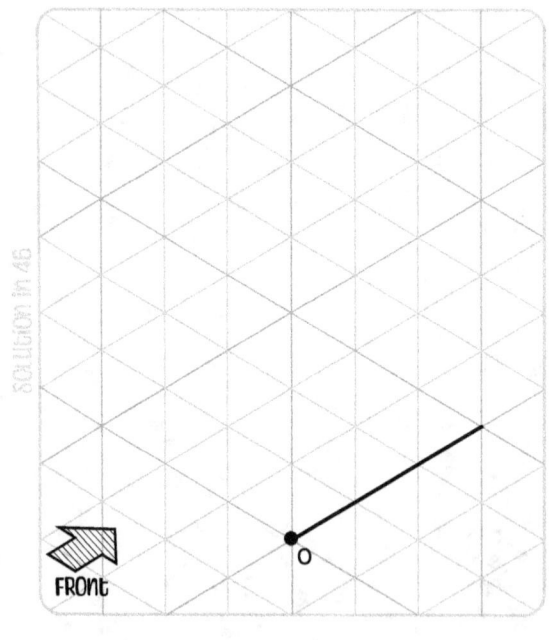

FRONT

ISOMÉTRICO

solution in 46

SOLUCIÓN 42

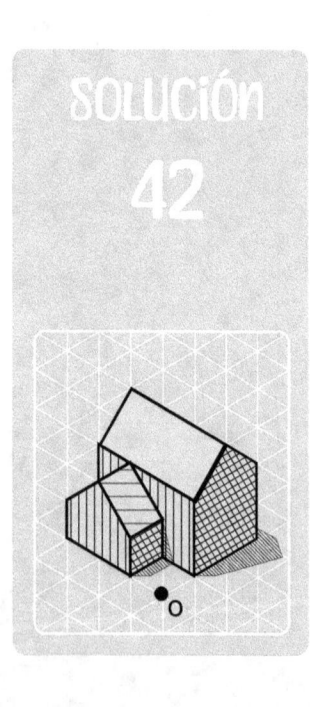

tomono ta

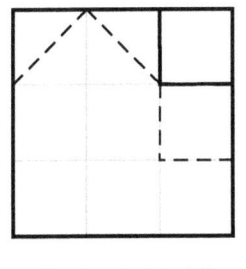

LEFT

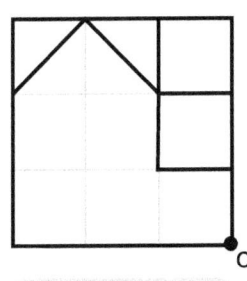

FRONT

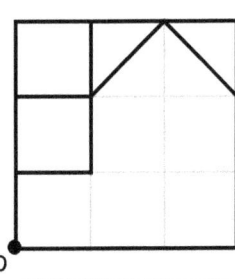

RIGHT

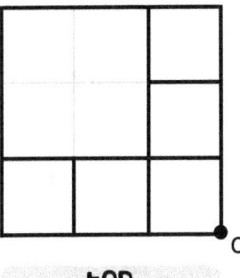

tOP

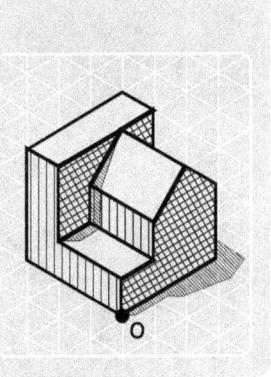

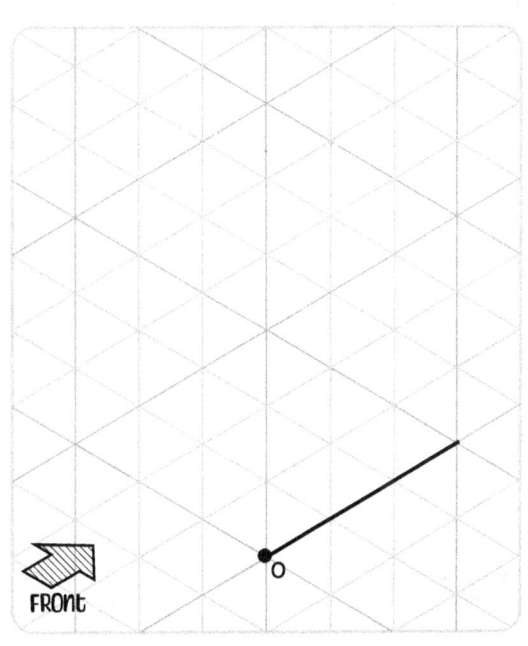

FRONT

iSOMÉtRICO

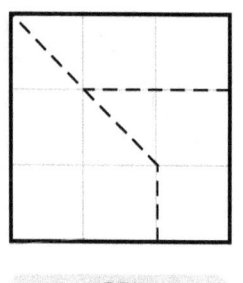

LEFT

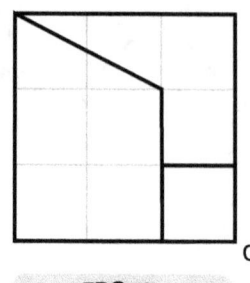

FRONT

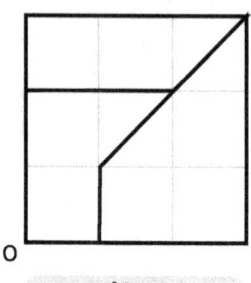

RIGHT

46

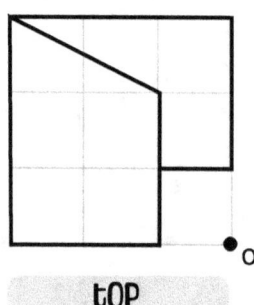

TOP

SOLUCIÓN en 48

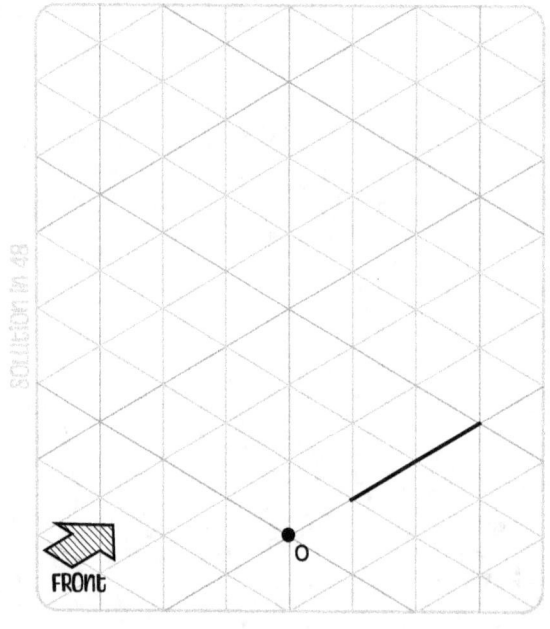

FRONT

ISOMÉTRICO

SOLUCIÓN 44

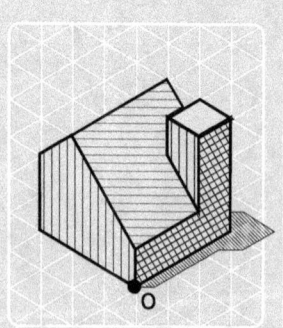

tomono ta

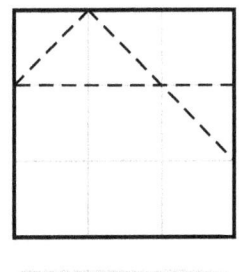

LEFT

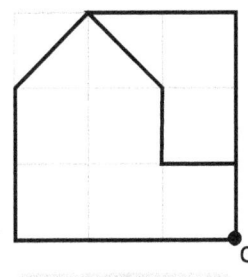

FRONT

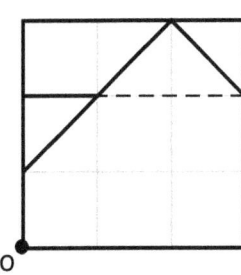

RIGHT

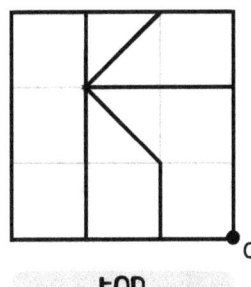

tOP

47

SOLUCIÓN 45

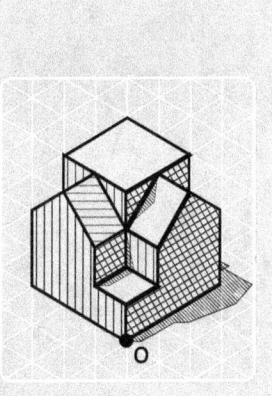

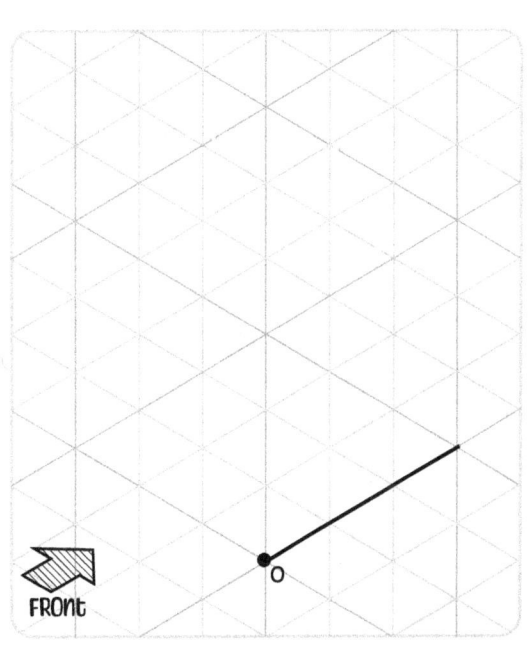

FRONT

iSOMÉtRiCO

tomono ta

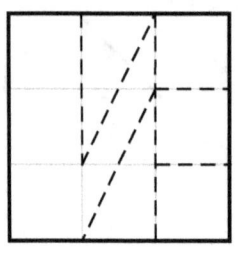

LEFT

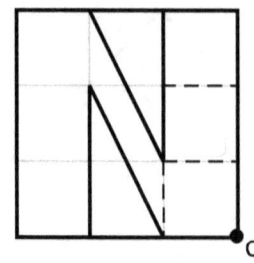

FRONT

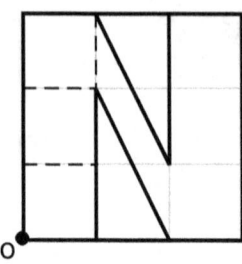

RIGHT

48

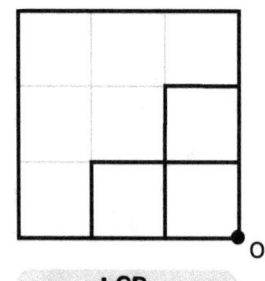

tOP

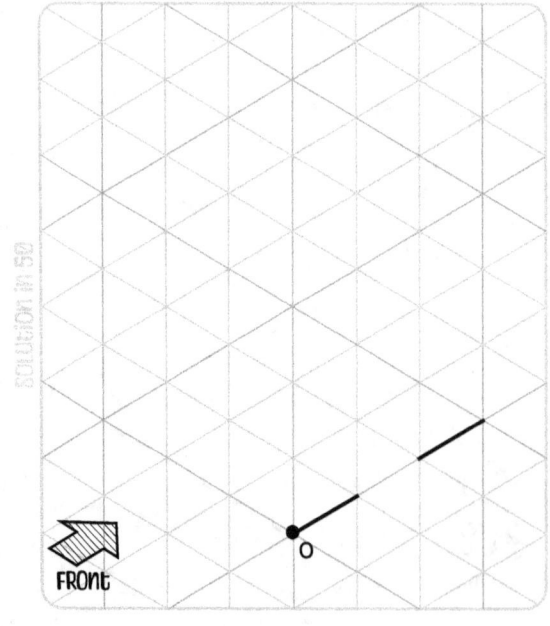

FRONT

iSOMÉTRICO

SOLUCIÓN
46

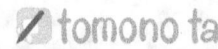

tomono ta

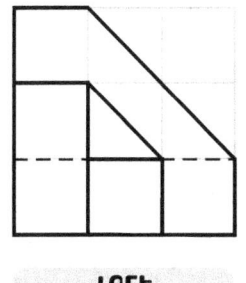

LEFT

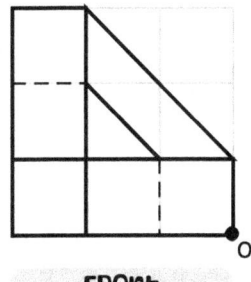

FRONT

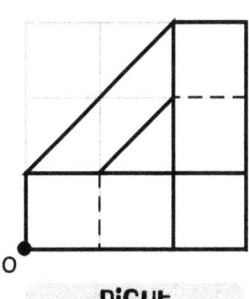

RIGHT

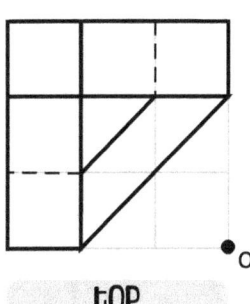

tOP

49

SOLUCIÓN
47

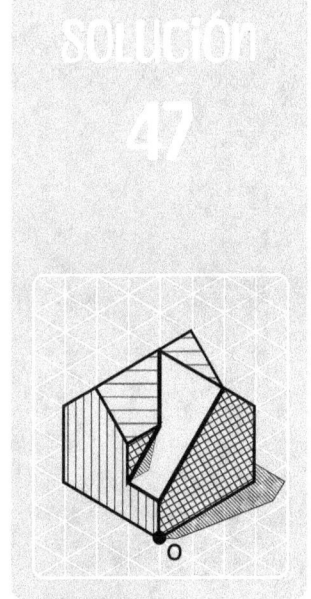

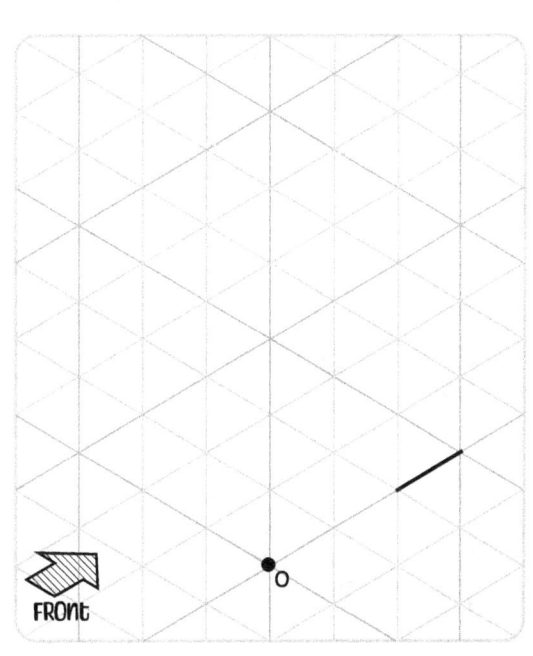

FRONT

ISOMÉTRICO

tomono ta

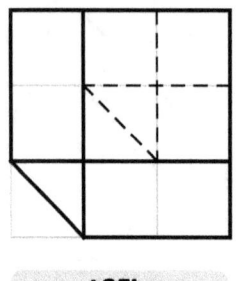

LEFT

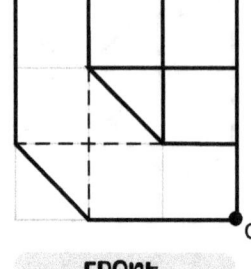

FRONT

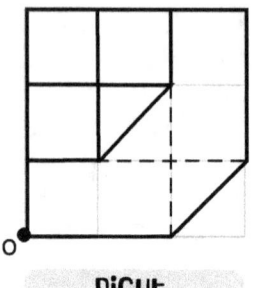

RIGHT

50

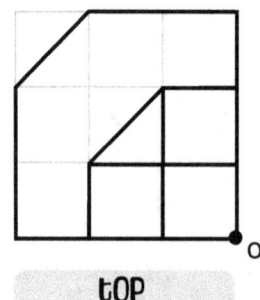

TOP

Solution in 52

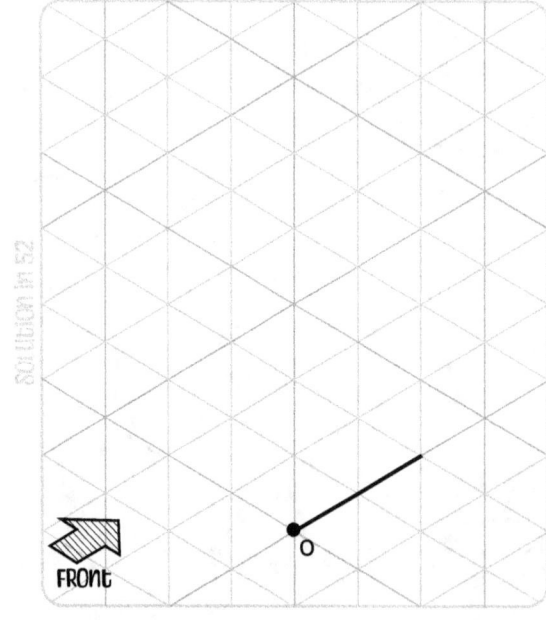

FRONT

O

ISOMÉTRICO

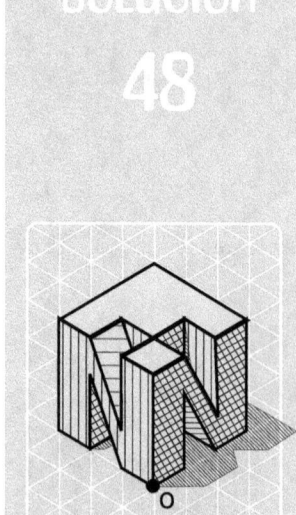
tomono ta

nivel 3
CUBO 4X4X4
avanzado

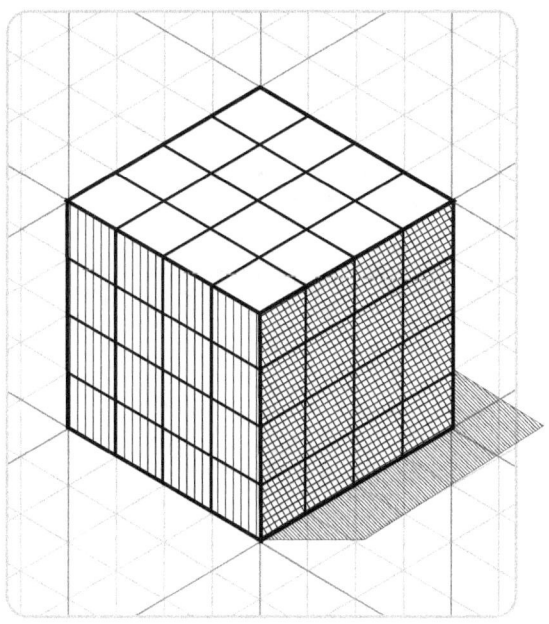

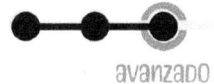
avanzado

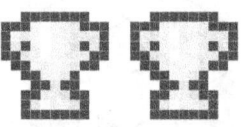

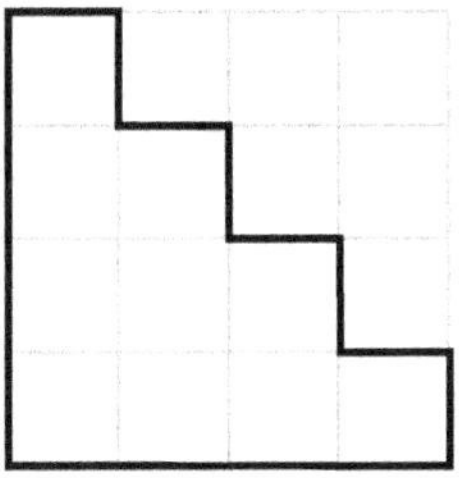

LEFT

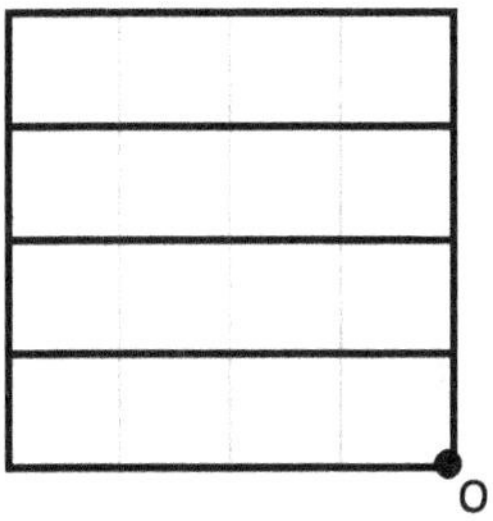

FRONT
●o

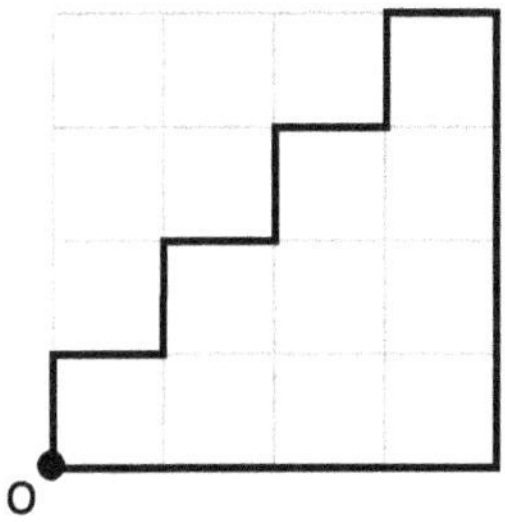

RIGHT
o●

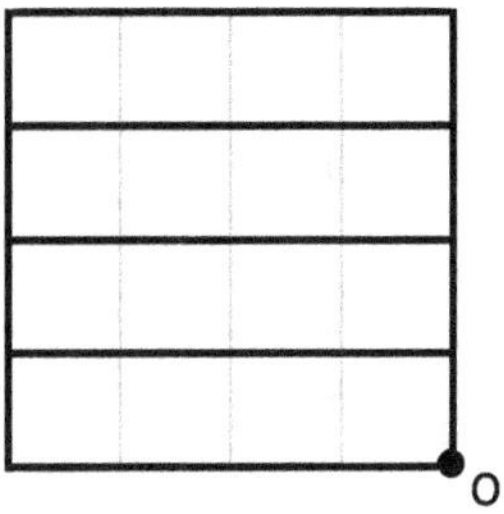

TOP
●o

SOLUCIÓN 49

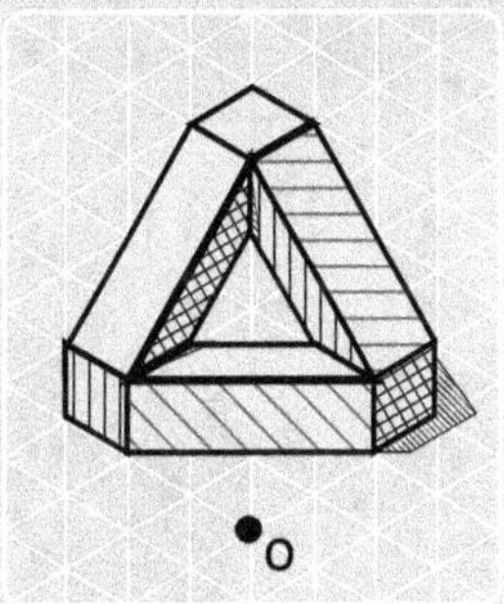

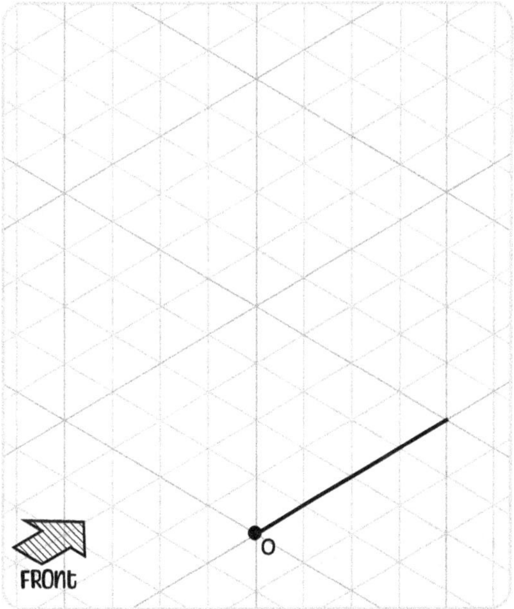

●o

FRONT

●o

solution in 53

iSOMÉTRiCO

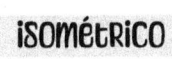

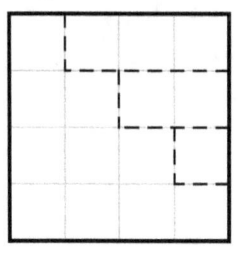

LEFT

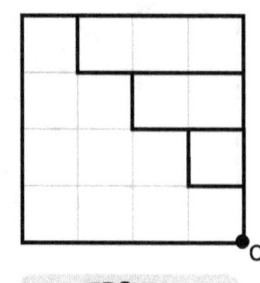

FRONT

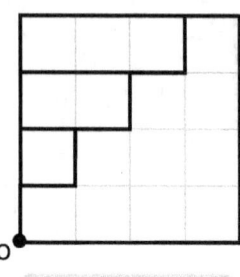

RIGHT

52

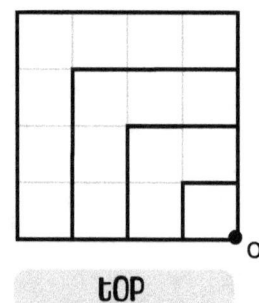

tOP

SOLUCIÓN
50

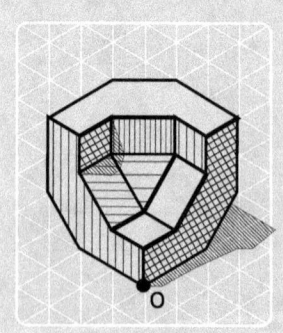

FRONT

ISOMÉTRICO

solution in 54

tomono ta

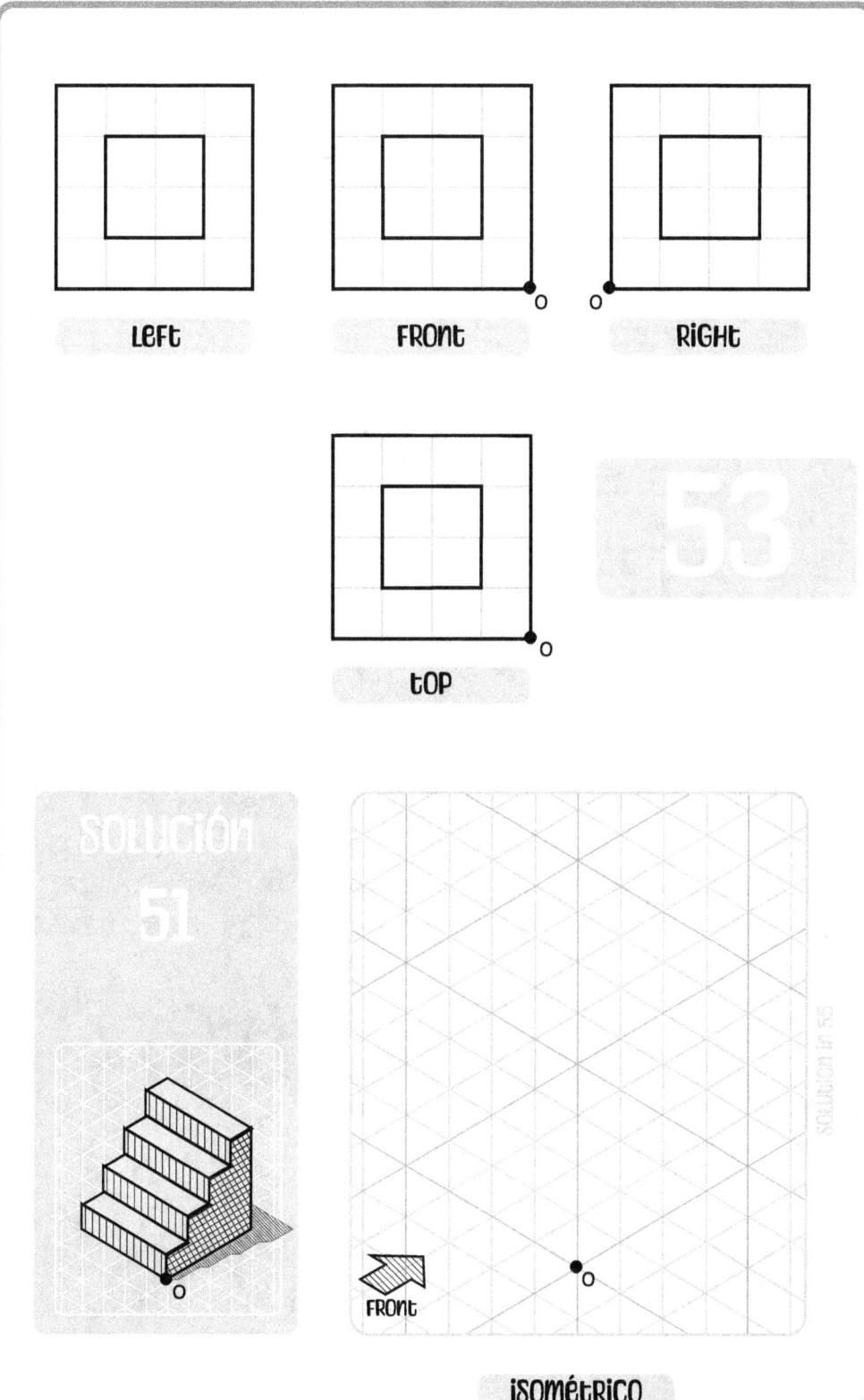

LEFT

FRONT

RIGHT

TOP

53

SOLUCIÓN
51

ISOMÉTRICO

FRONT

tomono ta

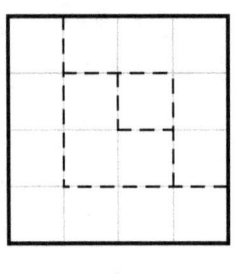

LEFT

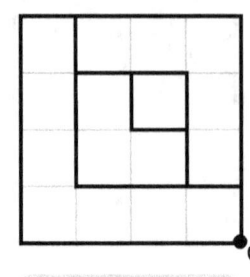

FRONT

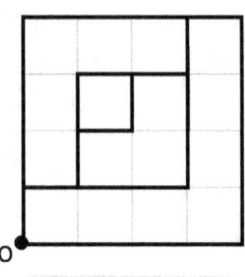

RiGHT

54

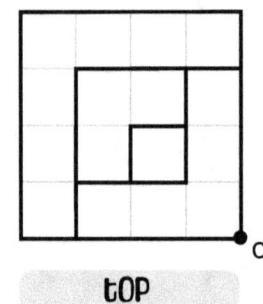

tOP

solution in 56

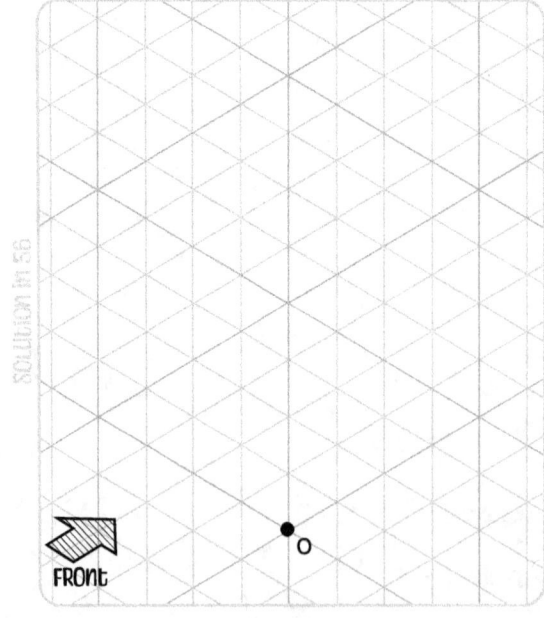

FRONT

O

iSOMÉtRiCO

SOLUCiÓN 52

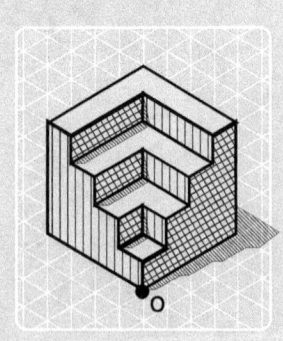

O

tomono ta

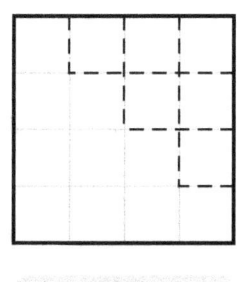

LEFT

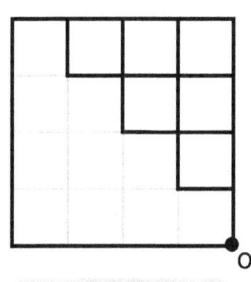

FRONT

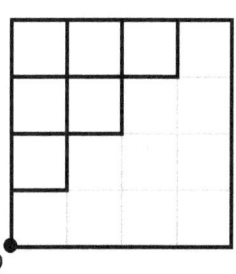

RIGHT

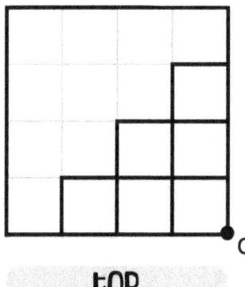

tOP

55

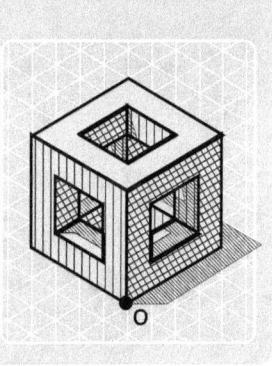

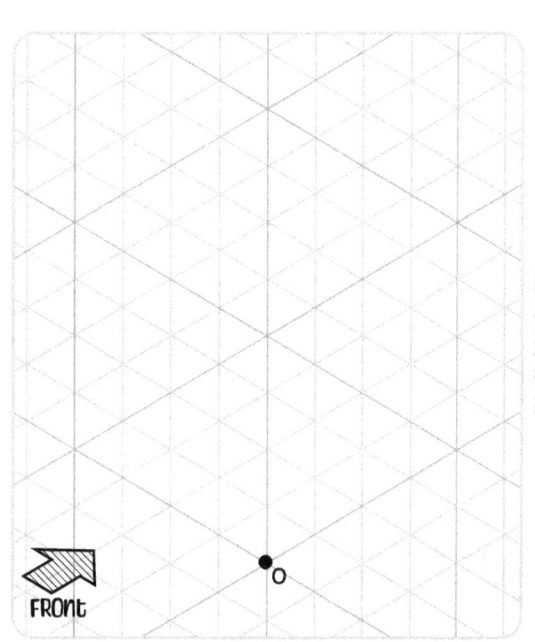

FRONT

ISOMÉTRICO

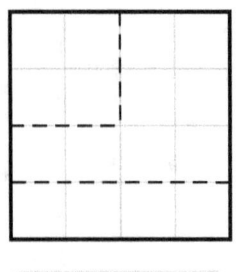

LEFT

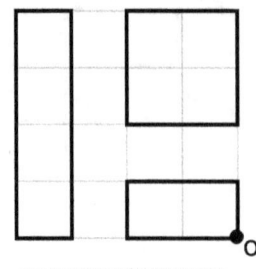

FRONT

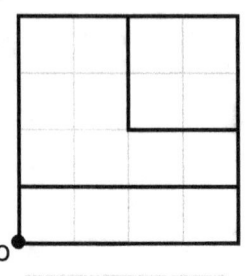

RIGHT

56

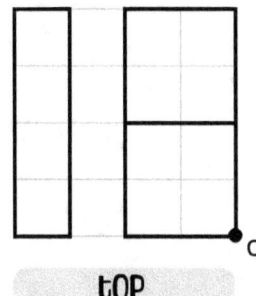

TOP

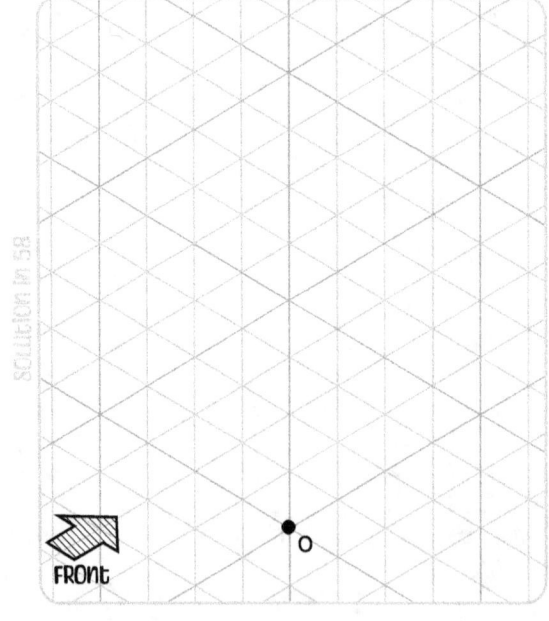

FRONT

ISOMÉTRICO

solution in 58

SOLUCIÓN 54

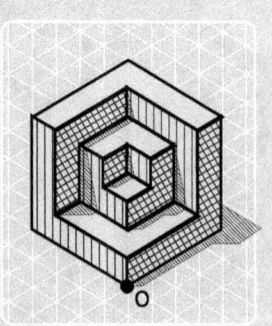

tomono ta

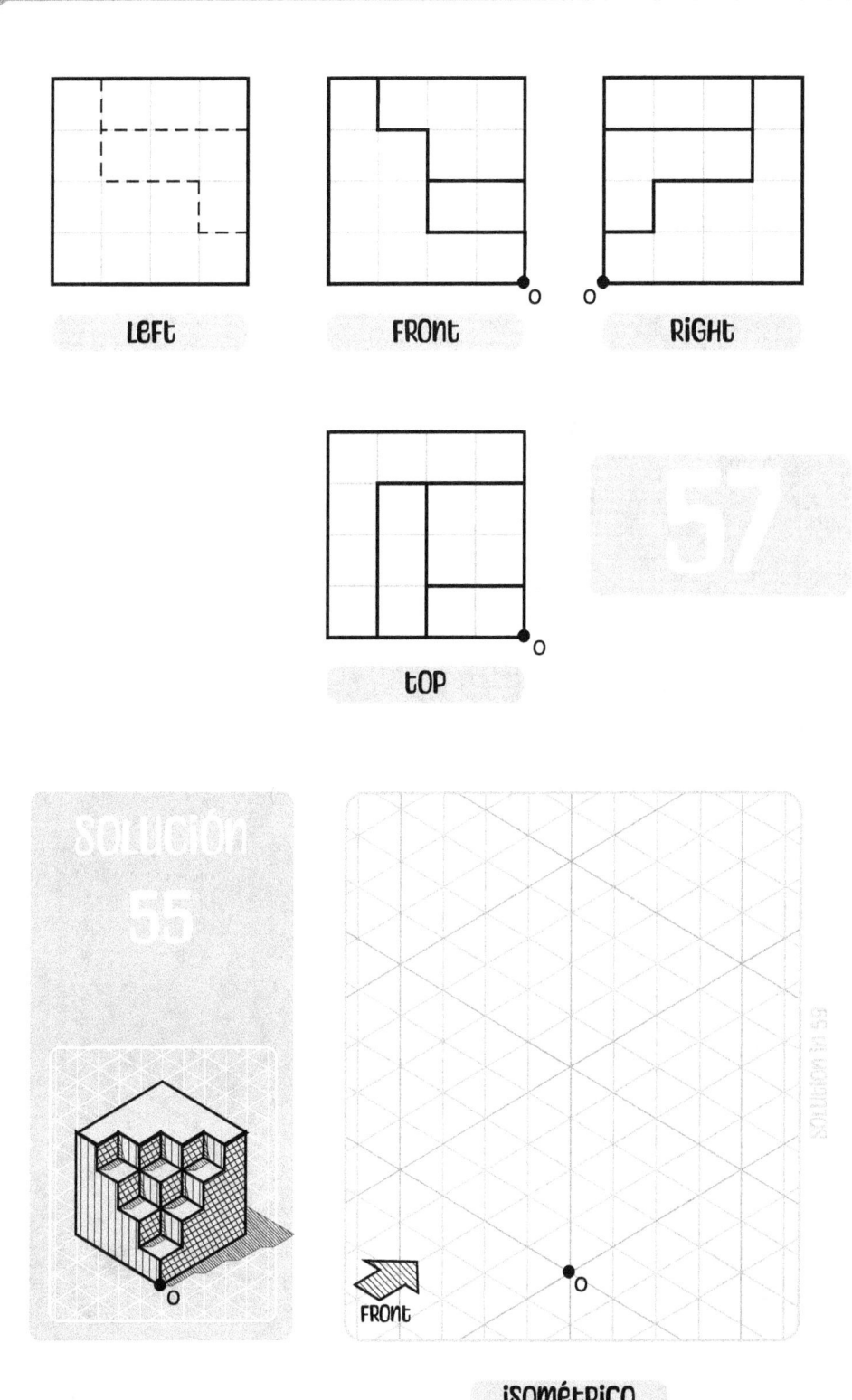

LEFT

FRONT

O

O

RIGHT

TOP

O

57

SOLUCIÓN
55

FRONT

O

ISOMÉTRICO

tomono ta

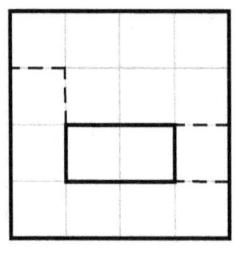

LEFT

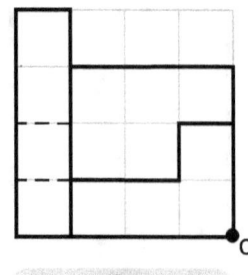

FRONT

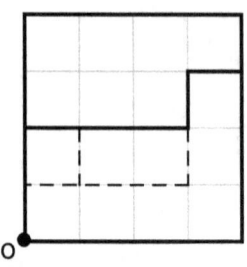

RIGHT

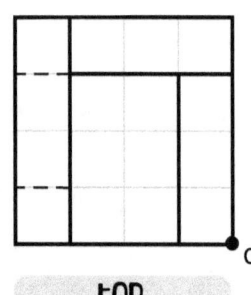

TOP

58

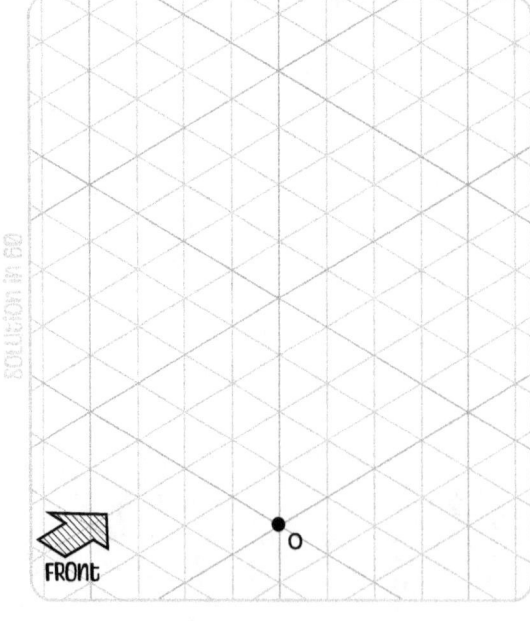

ISOMÉTRICO

SOLUCIÓN 56

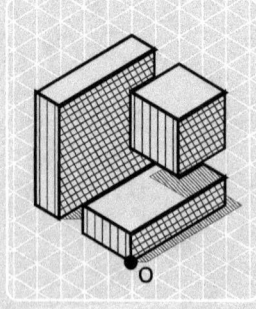

tomono ta

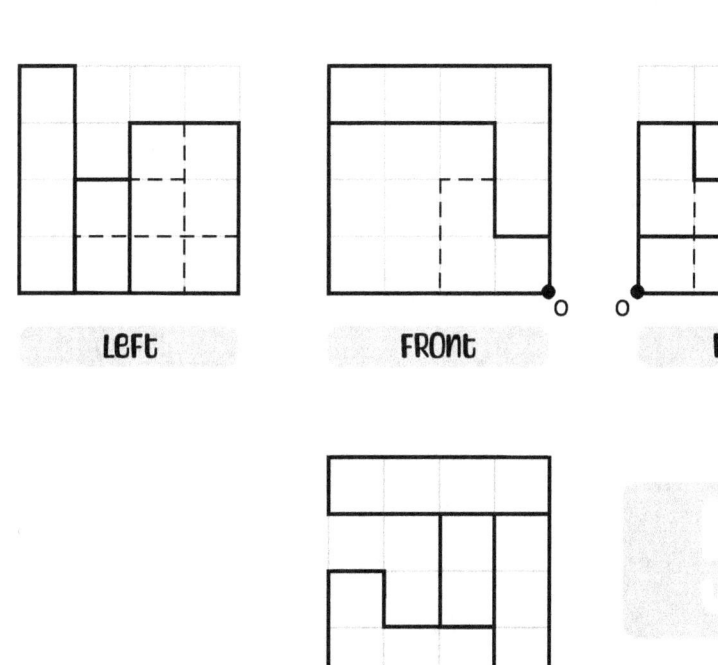

LEFT

FRONT

o

o

RIGHT

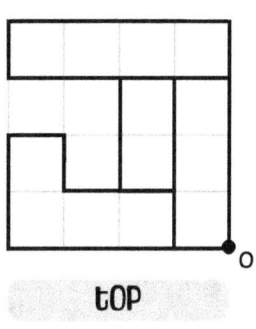

o

top

59

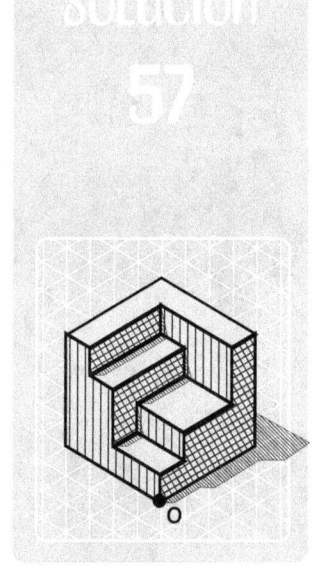

o

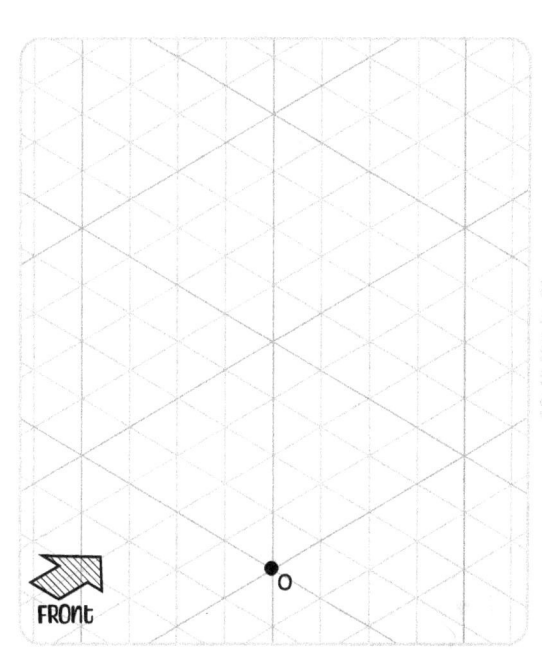

FRONT

o

ISOMÉTRICO

tomono ta

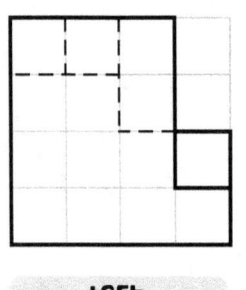

LEFT

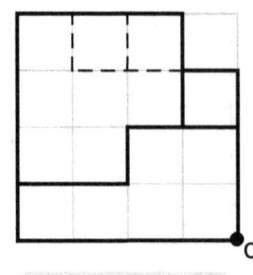

FRONT

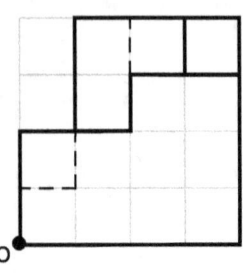

RIGHT

60

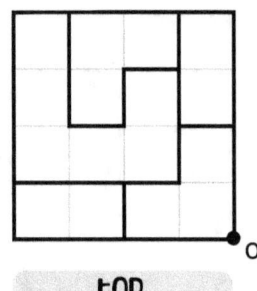

tOP

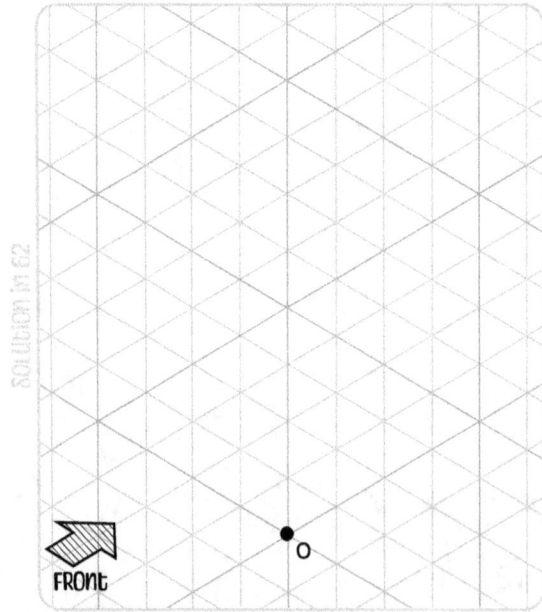

Solution in 62

FRONT

iSOMÉtRiCO

SOLUCIÓN 58

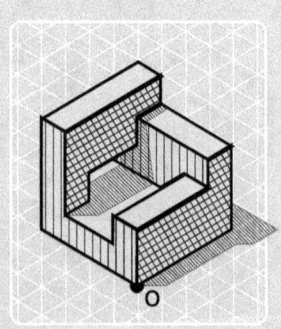

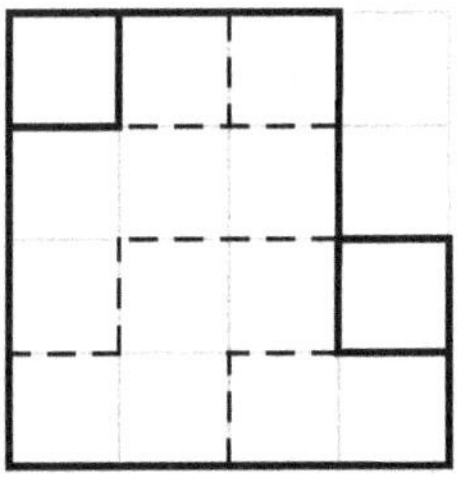

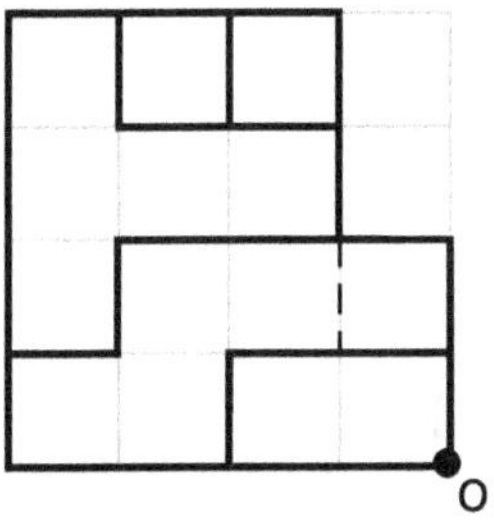

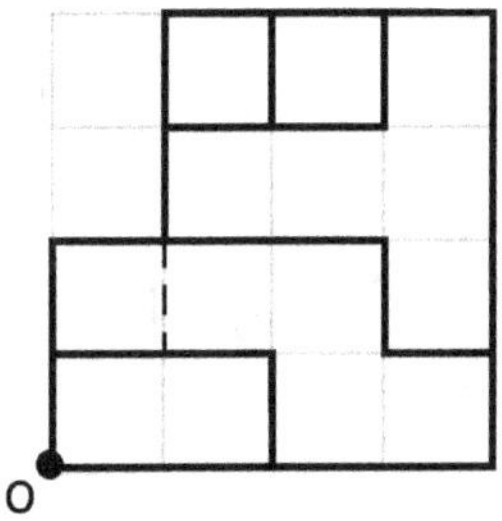

LEFT

FRONT

O

O

RIGHT

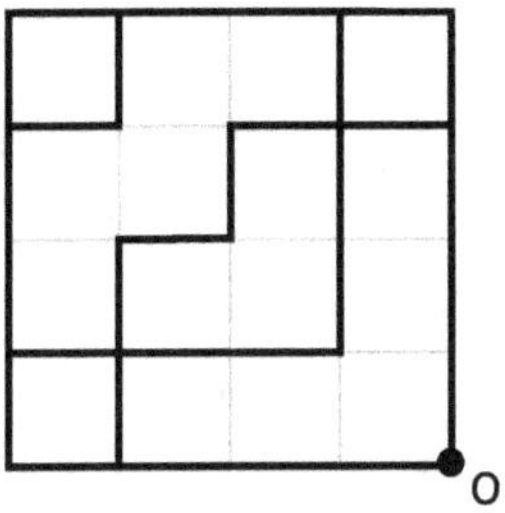

TOP

O

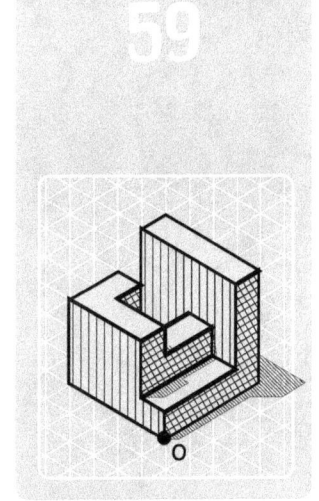

O

61

SOLUCIÓN № 63

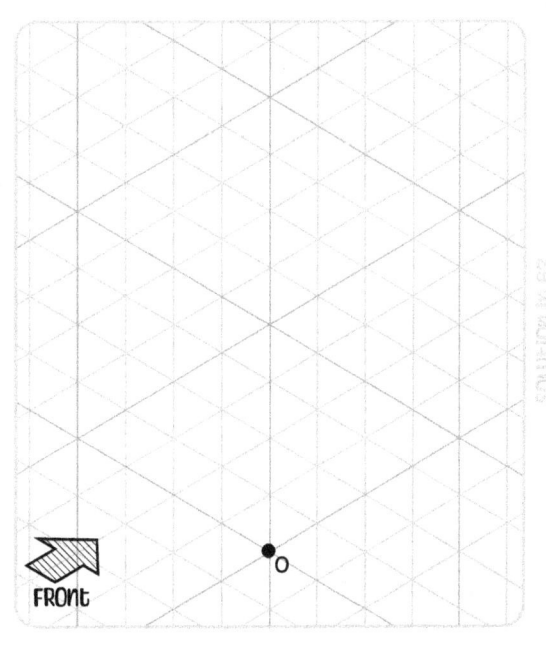

FRONT

O

ISOMÉTRICO

tomono ta

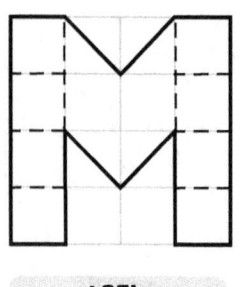

LEFT

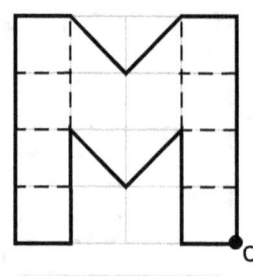

FRONT

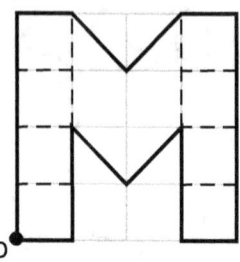

RIGHT

62

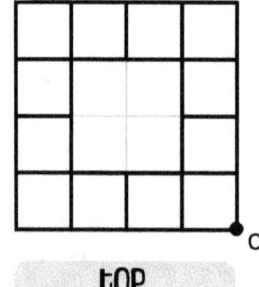

TOP

solution in 54

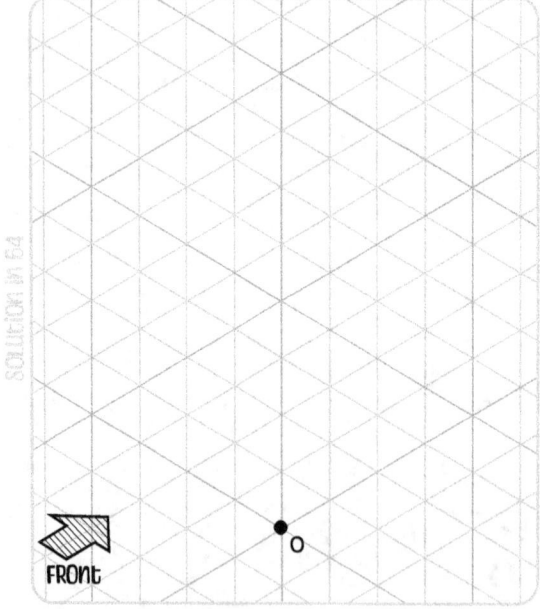

FRONT

ISOMÉTRICO

SOLUCIÓN 60

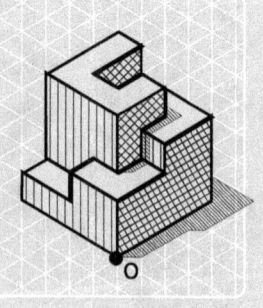

tomono ta

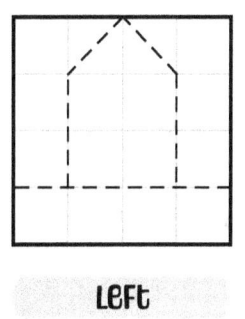

LEFT

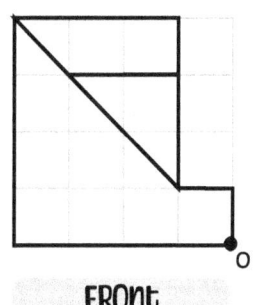

FRONT

O

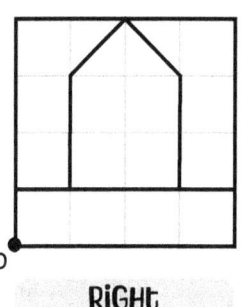

O

RIGHT

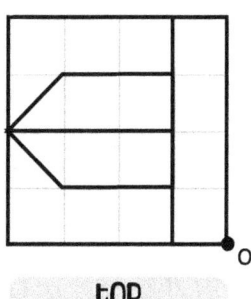

O

TOP

63

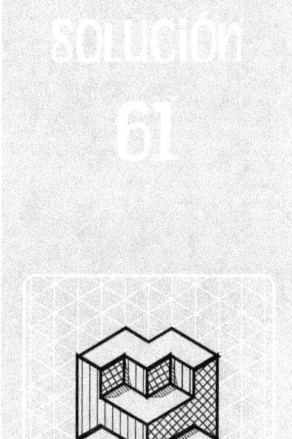

O

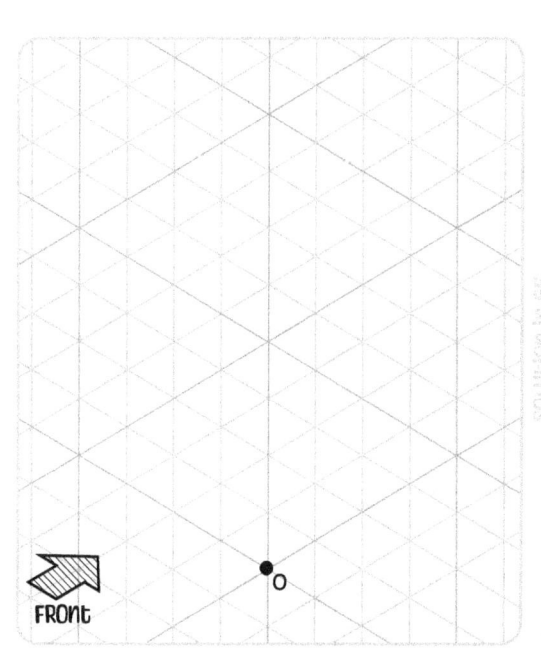

FRONT

O

ISOMÉTRICO

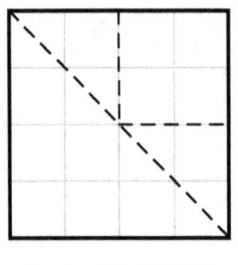

LEFT

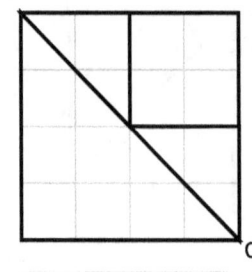

FRONT

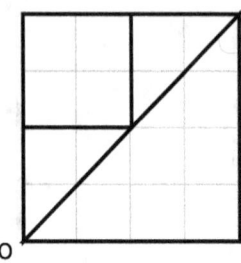

RIGHT

64

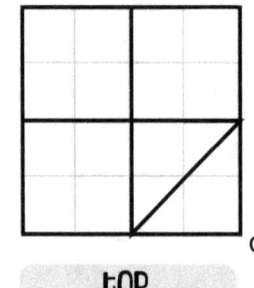

tOP

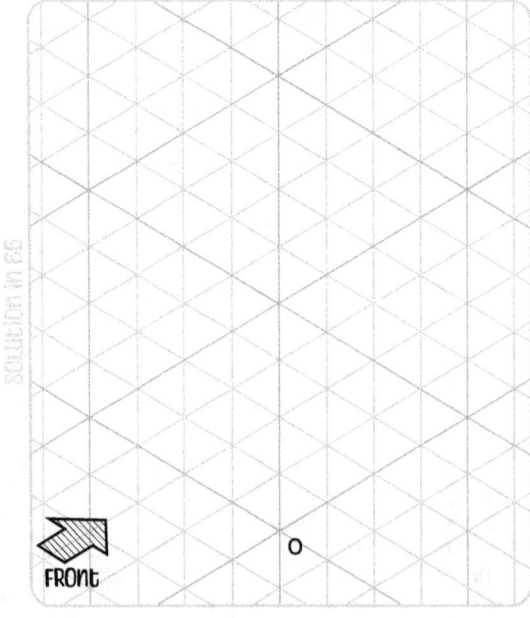

FRONT

iSOMÉtRiCO

solution in 86

SOLUCIÓN
62

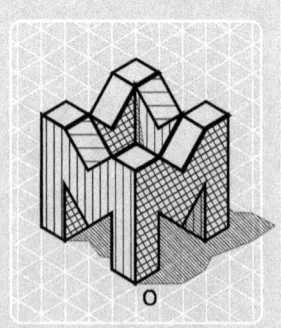

tomono ta

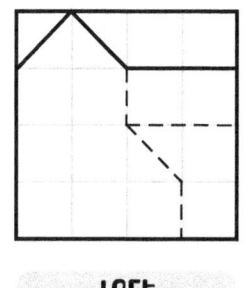

LEFT

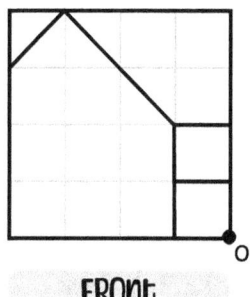

FRONT

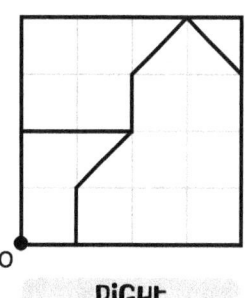

RIGHT

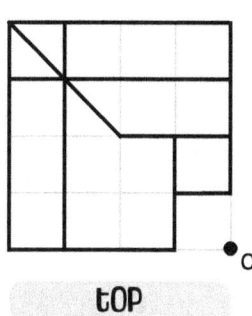

TOP

65

SOLUCIÓN
63

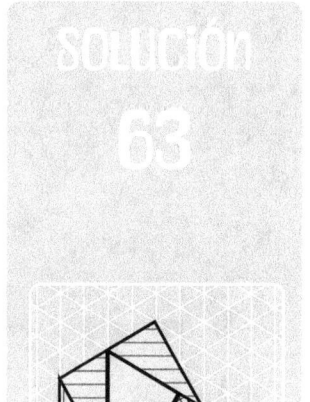

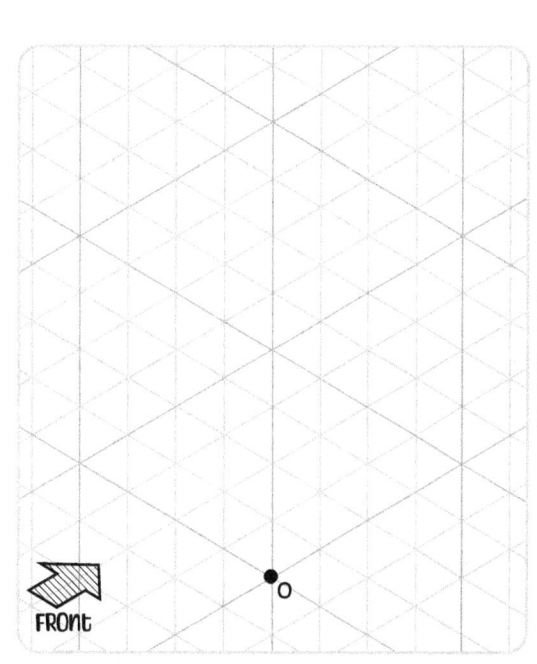

FRONT

ISOMÉTRICO

tomono ta

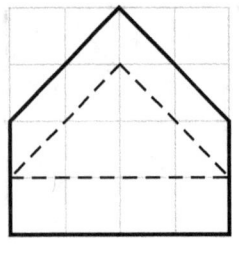

LEFT

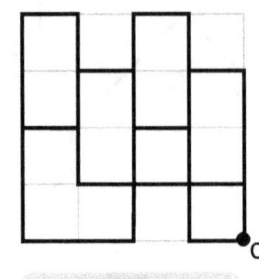

FRONT

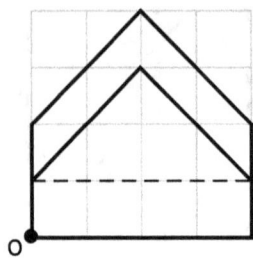

RIGHT

66

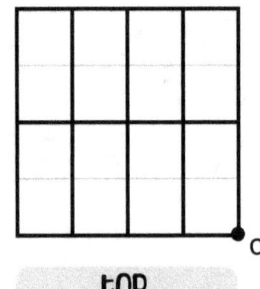

TOP

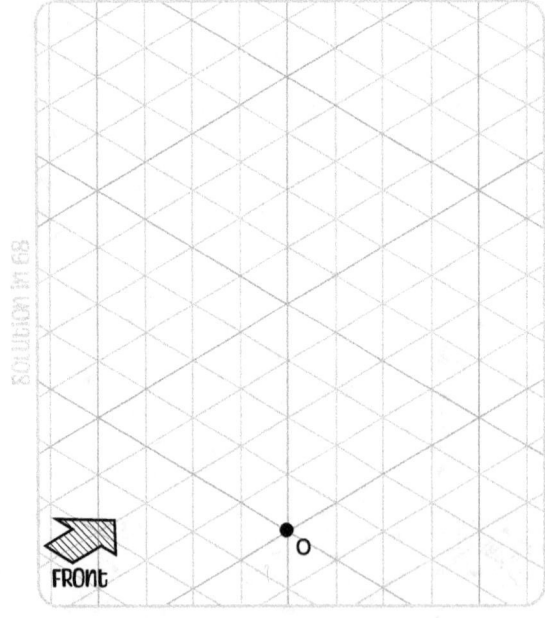

FRONT

ISOMÉTRICO

Solución in 68

SOLUCIÓN
64

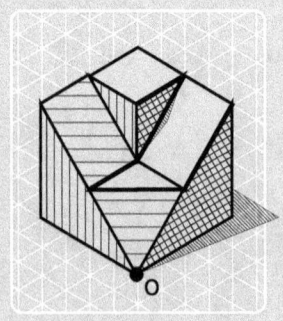

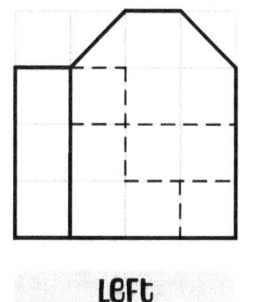

LEFT

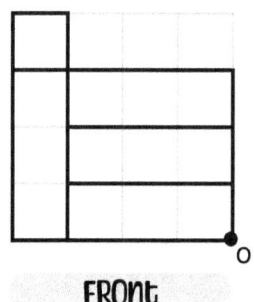

FRONT

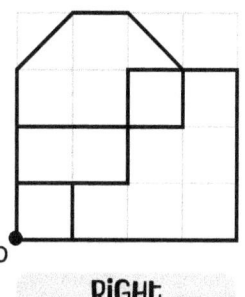

RIGHT

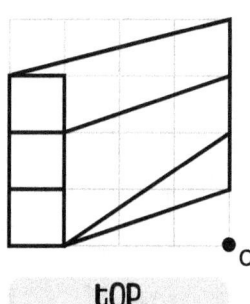

TOP

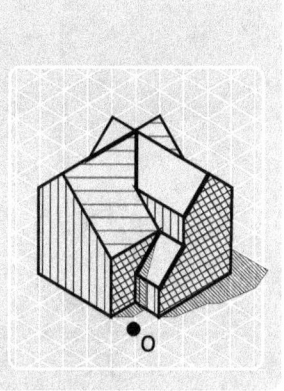

67

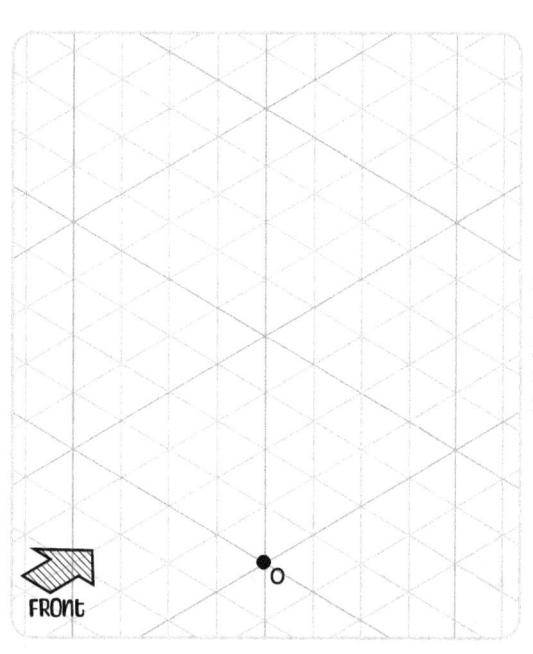

FRONT

ISOMÉTRICO

tomono ta

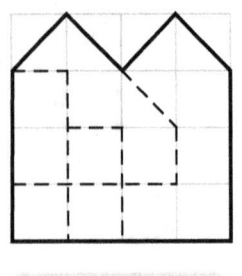

LEFT

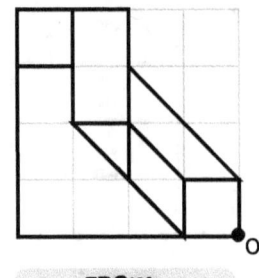

FRONT
o

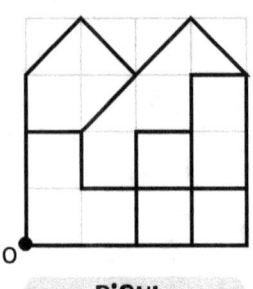

o
RIGHT

68

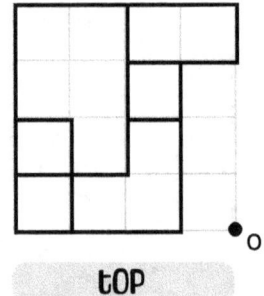

o
TOP

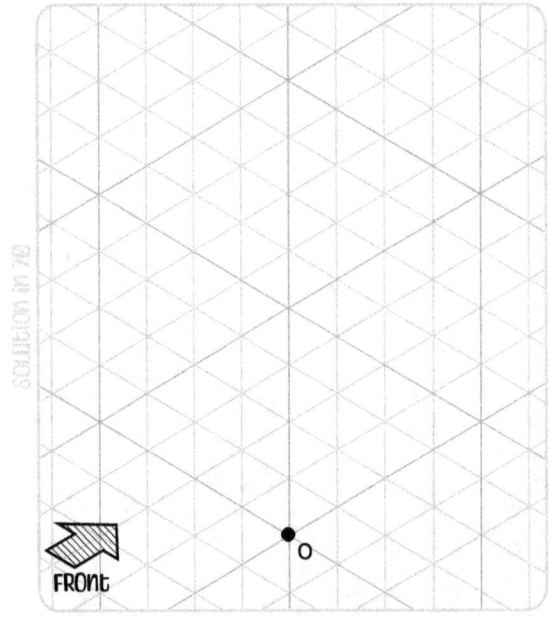

FRONT
o

ISOMÉTRICO

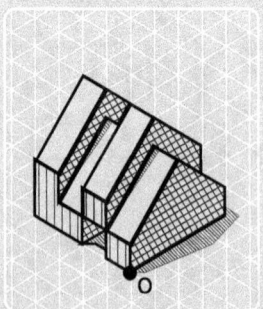
tomono ta

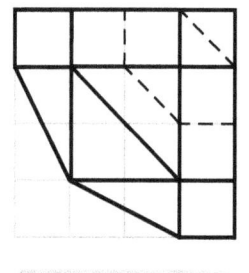

LEFT

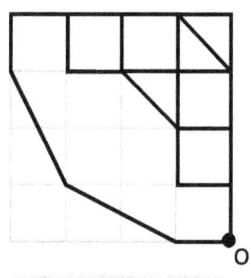

FRONT

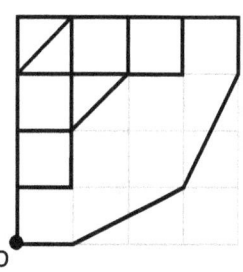

RIGHT

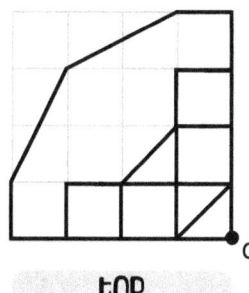

tOP

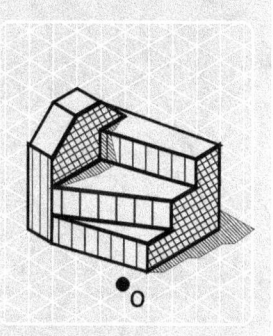

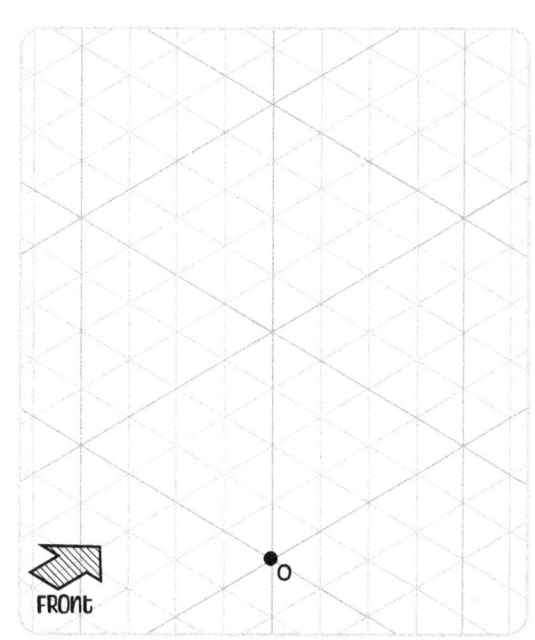

FRONT

iSOMÉtRICO

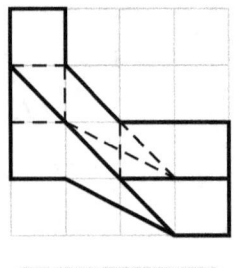

LEFT

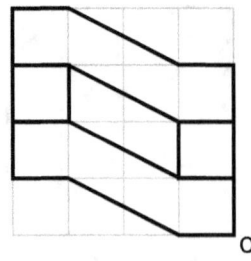

FRONT

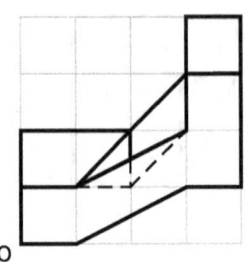

RIGHT

70

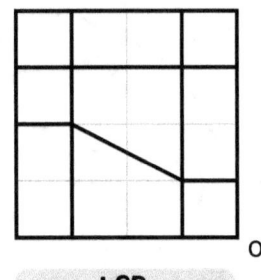

TOP

solution in 72

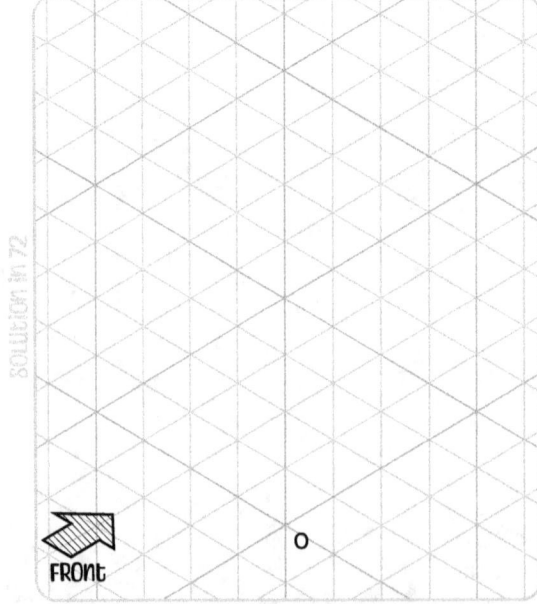

FRONT

ISOMÉTRICO

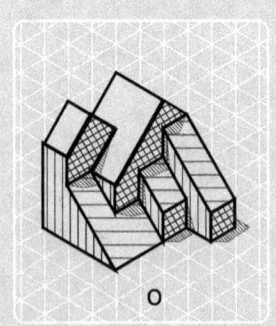

nivel 4
CUBO 6X6X6
EXPERTO

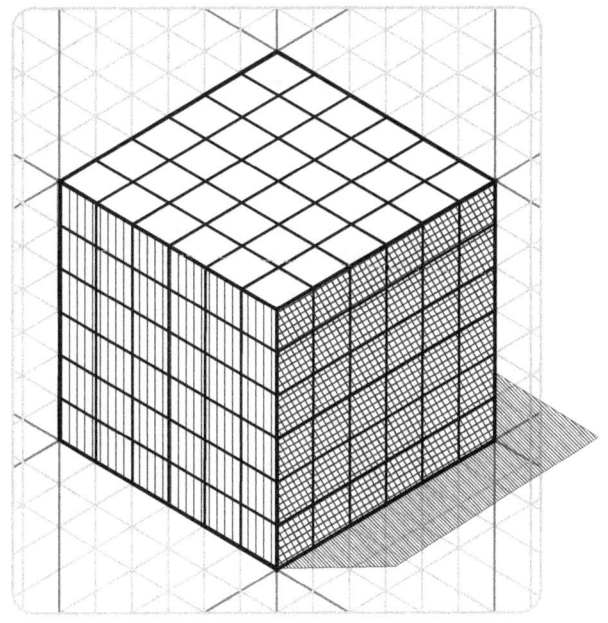

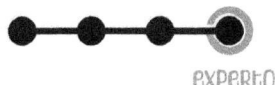

EXPERTO

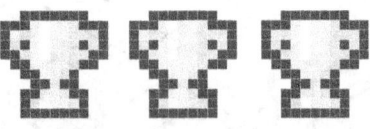

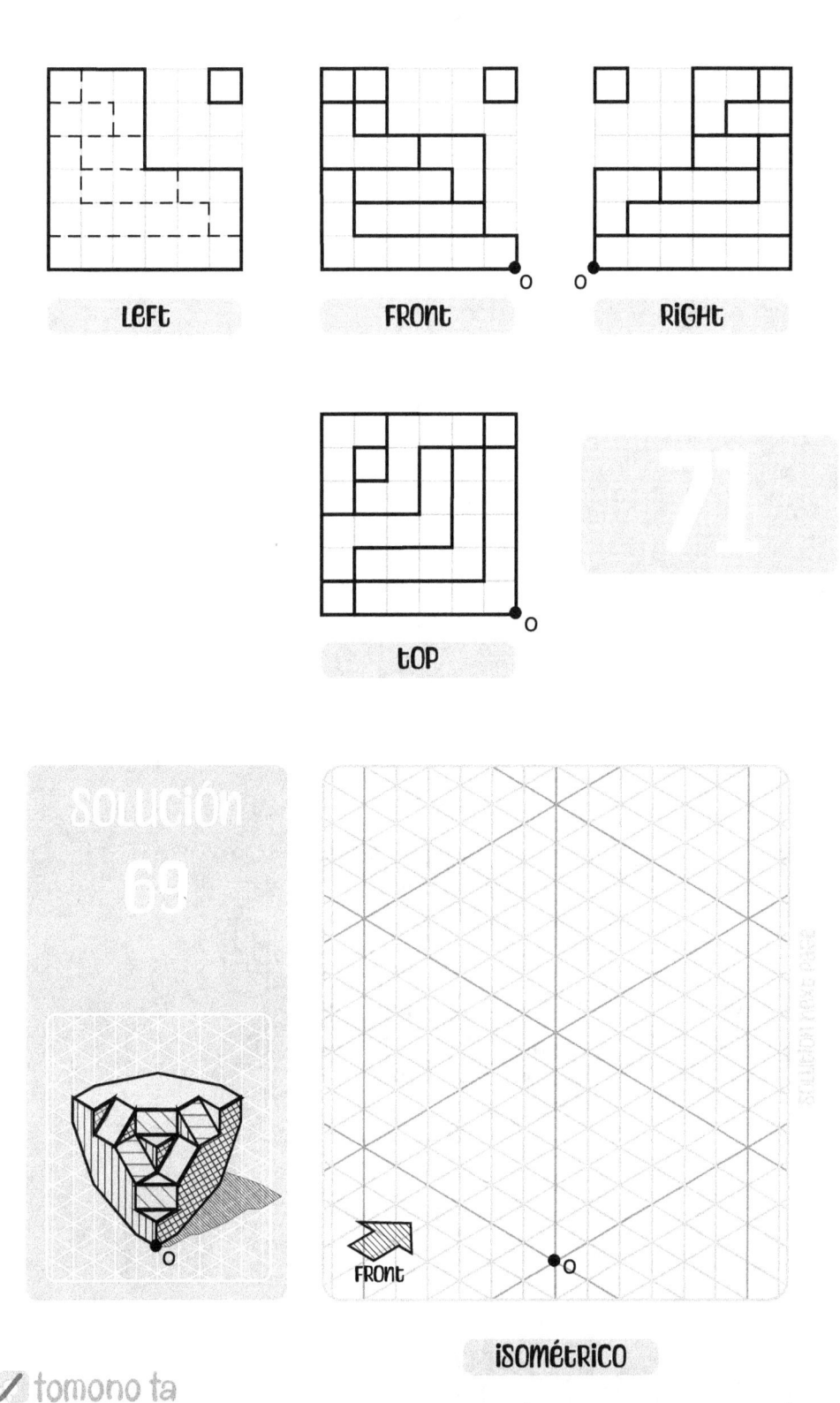

LEFT

FRONT

RIGHT

TOP

FRONT

ISOMÉTRICO

tomono ta

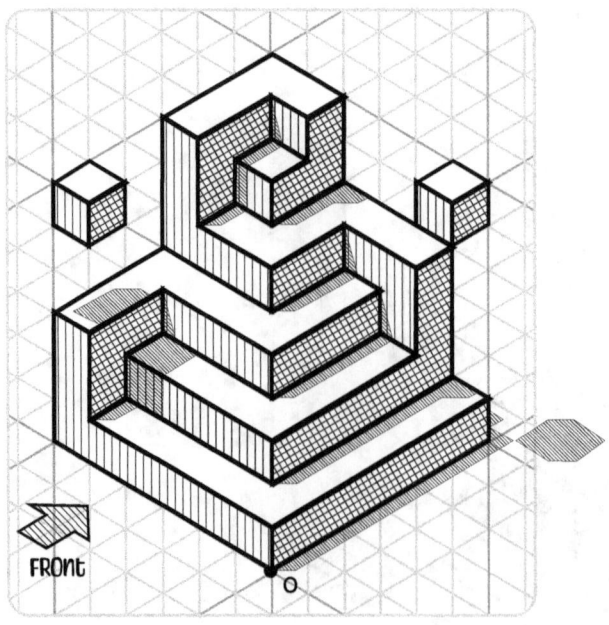

FRONT

O

iSOMÉTRICO

tomono ta

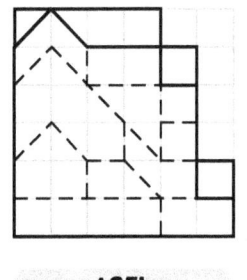

LEFT

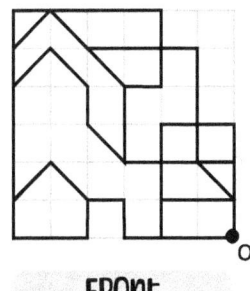

FRONT

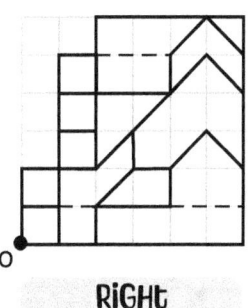

RIGHT

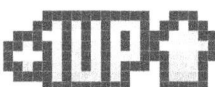

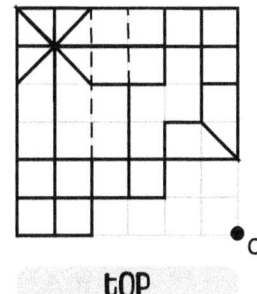

tOP

72

SOLUCIÓN 70

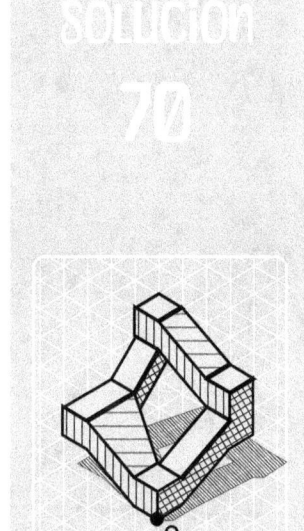

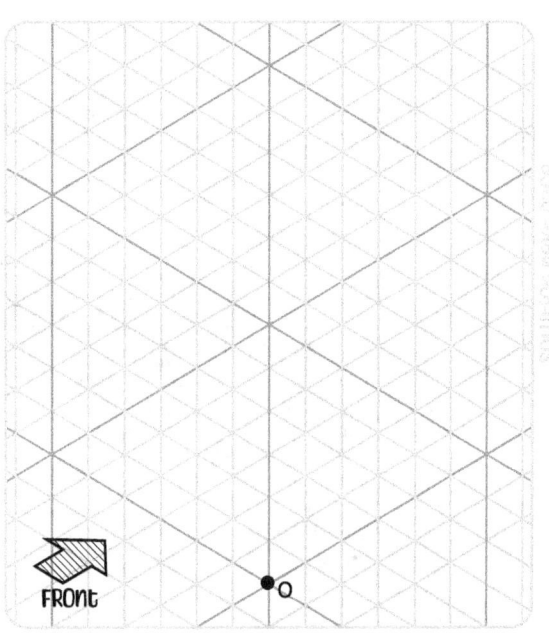

FRONT

iSOMÉtRICO

tomono ta

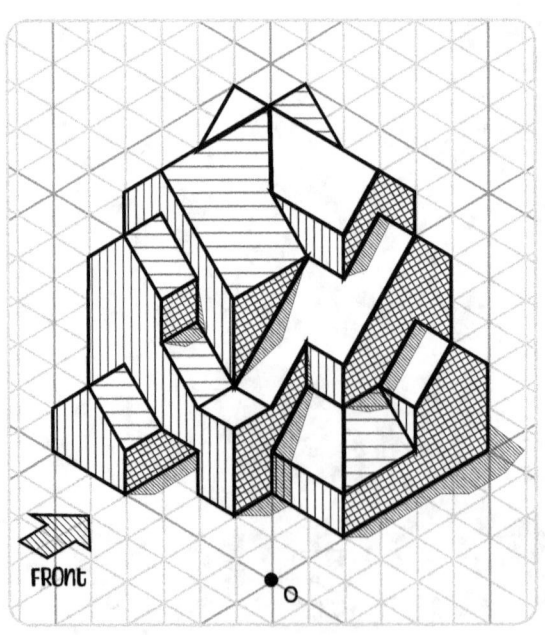

FRONT

● O

ISOMÉTRICO

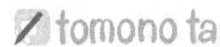

Si has llegado tan lejos...

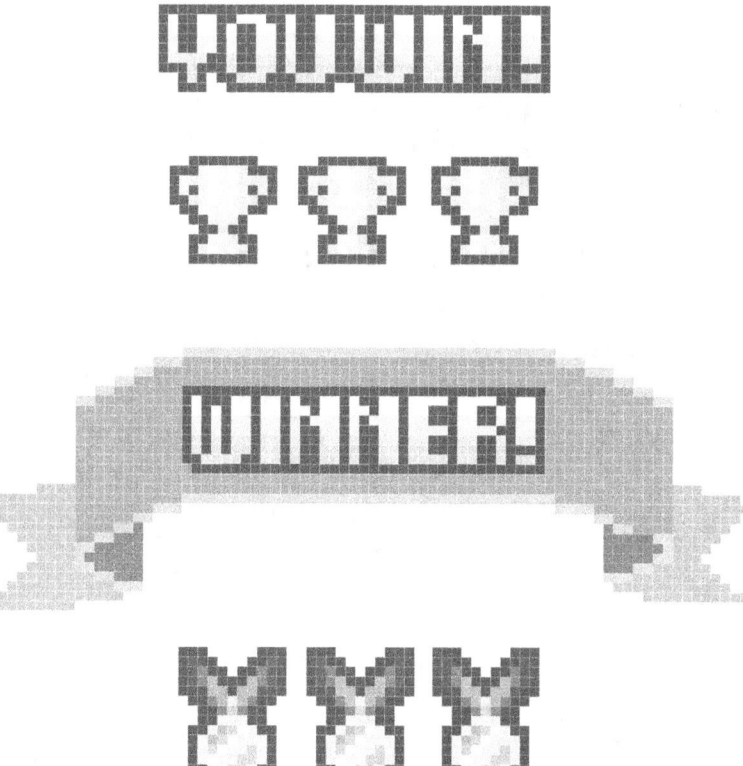

PLANTiLLAS

puedes descragar las siguientes plantillas e imprimirlas
en https://pin.it/4ZK9yLw
(Tomono Ta at pinterest)

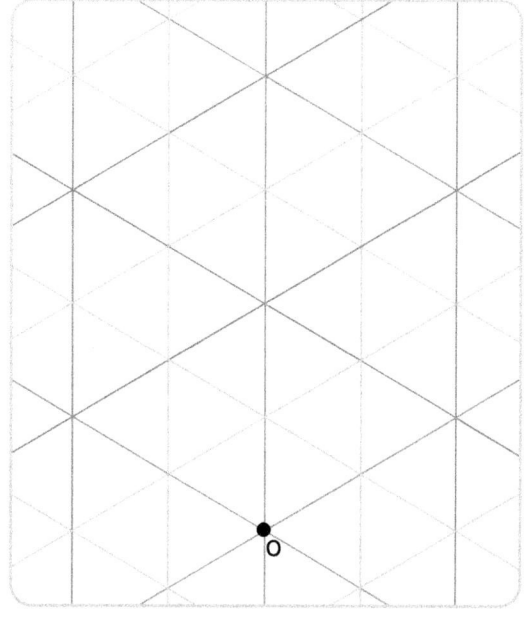

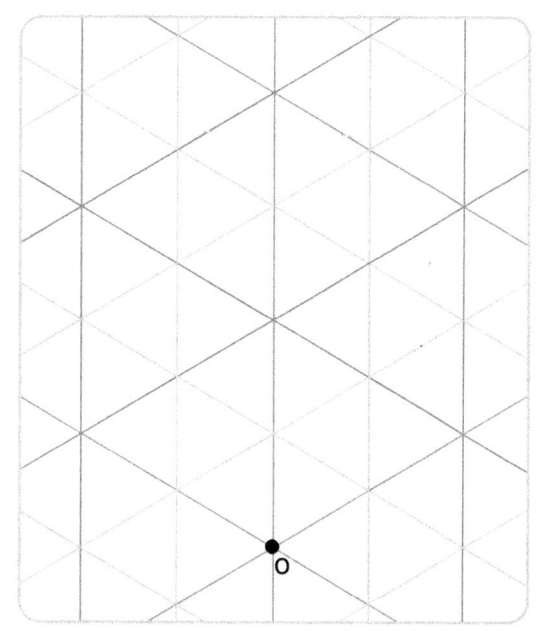

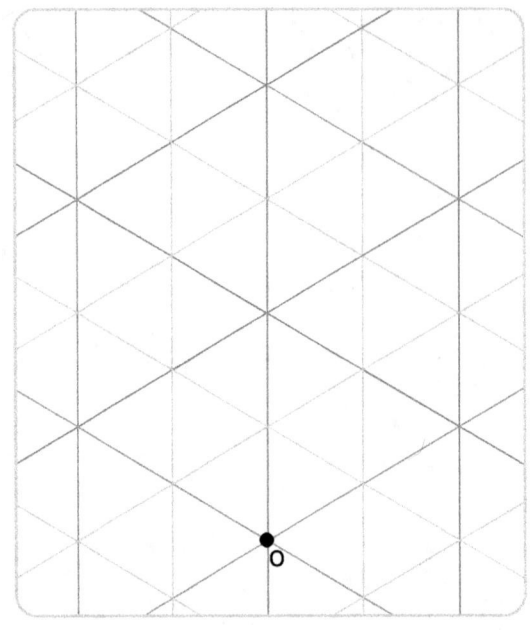

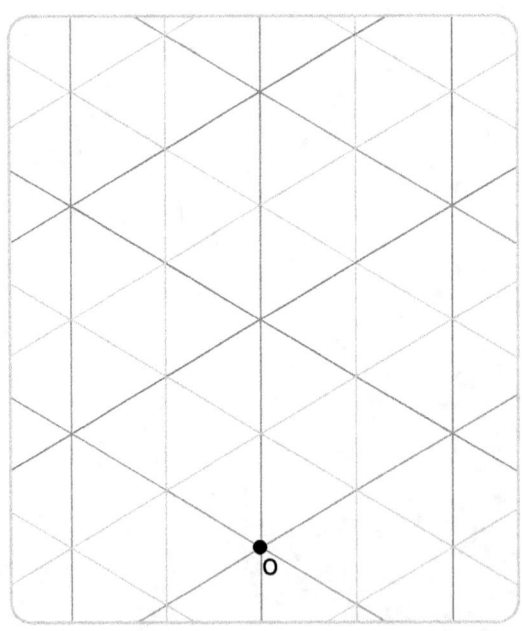

CUBO 2X2X2

tomono ta

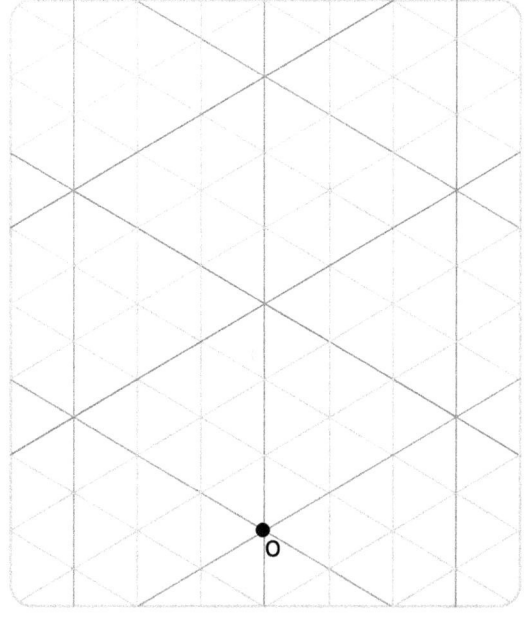

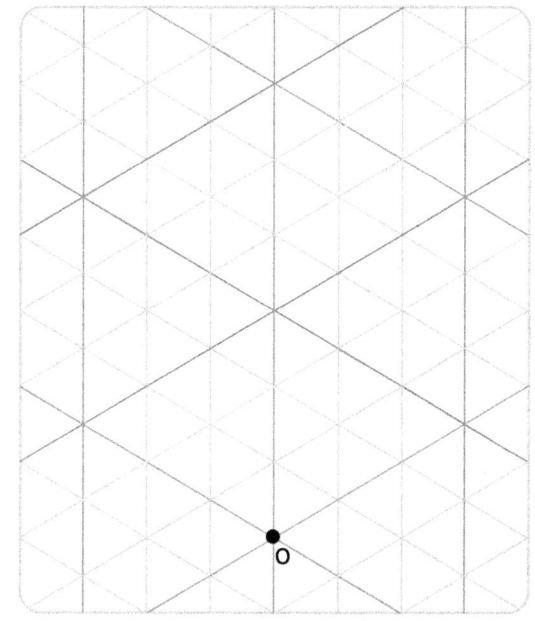

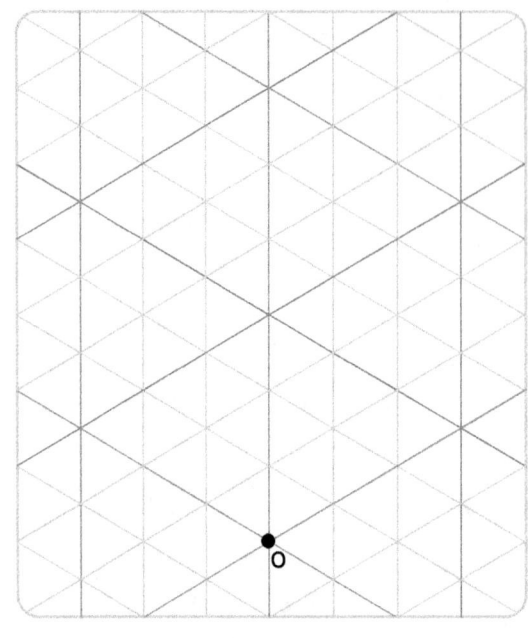

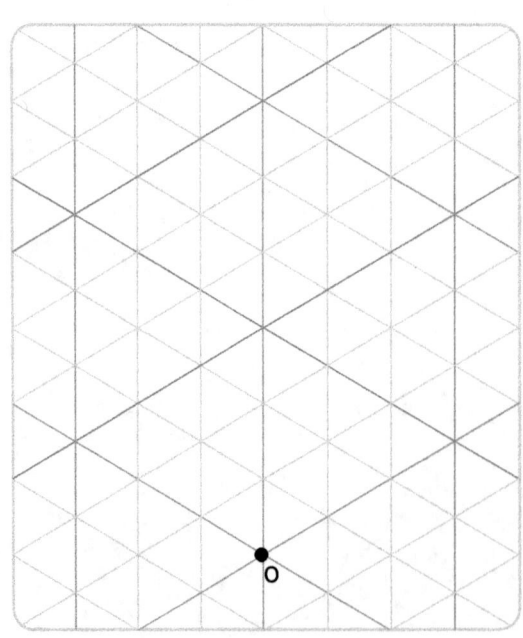

CUBO 3X3X3

tomono ta

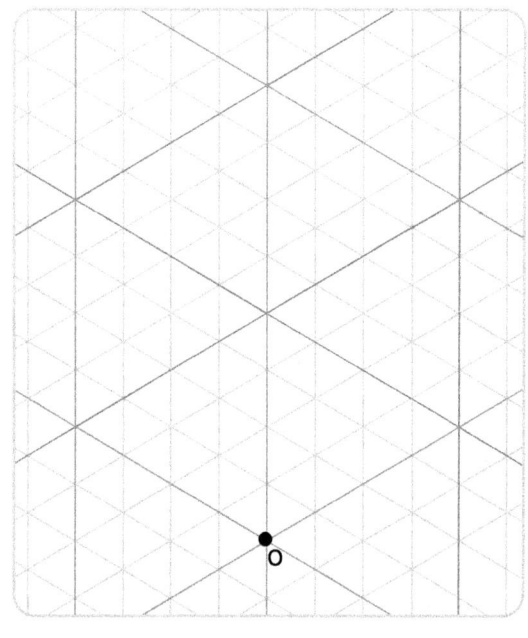

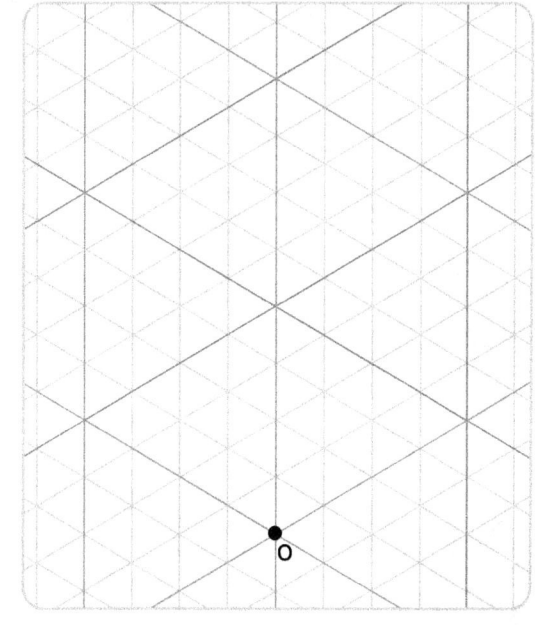

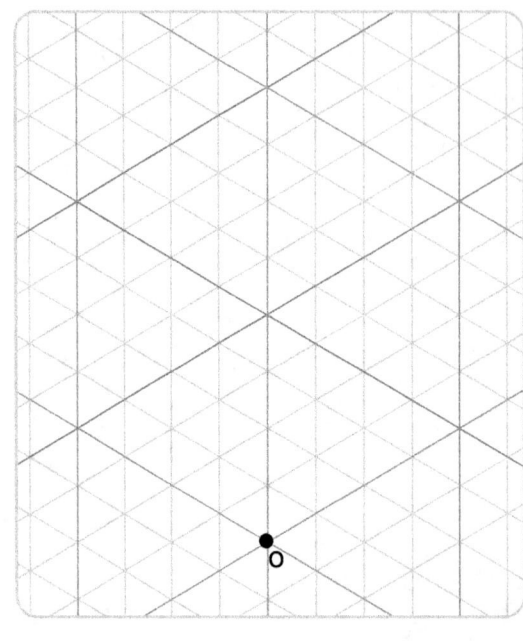

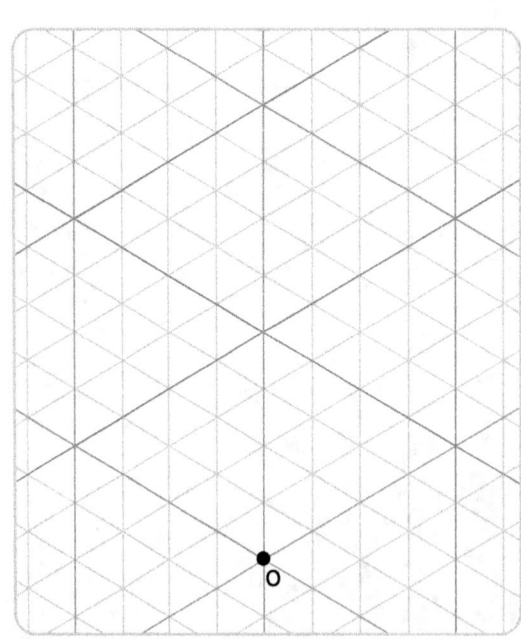

CUBO 4X4X4

tomono ta

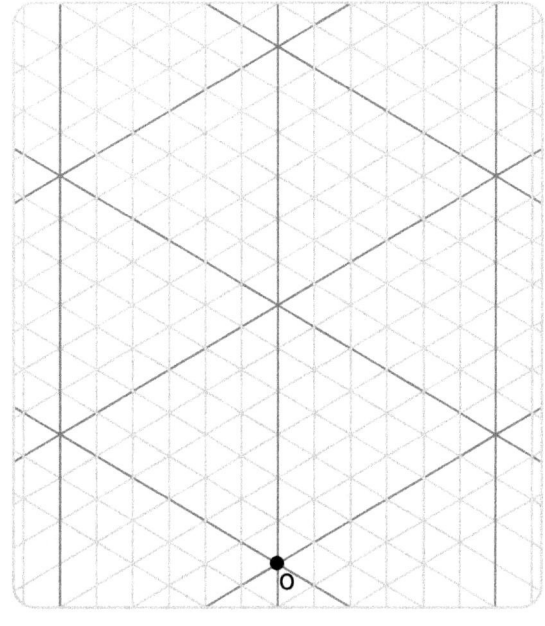

O

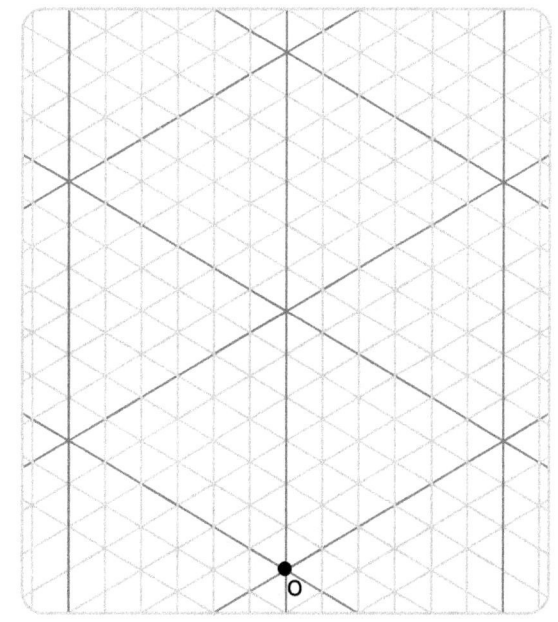

O

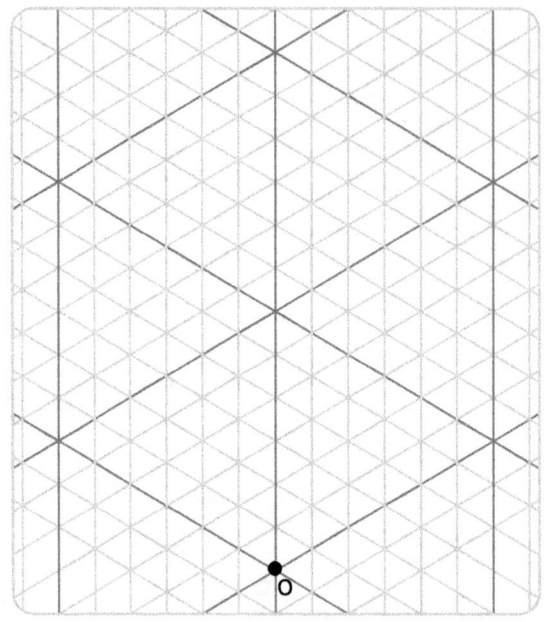

O

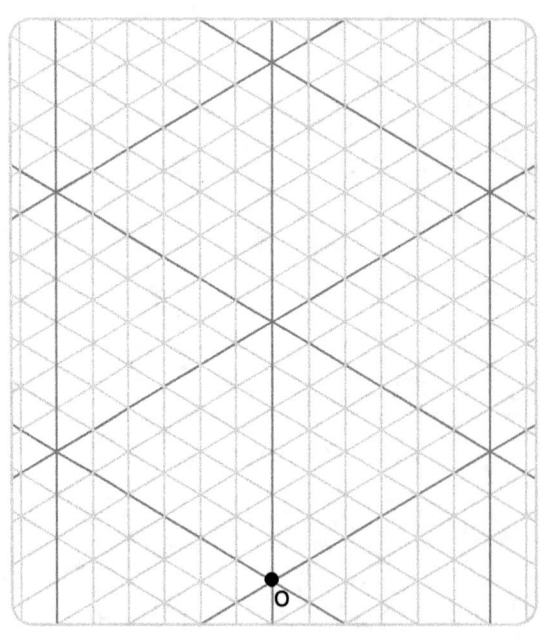

O

CUBO 6X6X6

◢ tomono ta

www.ingramcontent.com/pod-product-compliance
Lightning Source LLC
Chambersburg PA
CBHW070425220526
45466CB00004B/1542